I0039719

LA PAROLE

ET LES

TROUBLES DE LA PAROLE

PAR

GEORGES ROUMA

Professeur de Pédagogie et de Psychologie
à l'École Normale provinciale de Charleroi,
Directeur de la section des Troubles de la parole à la Policlinique
de Bruxelles.

AVEC UNE PRÉFACE DU Dr DECROLY

Chef de service à la Policlinique de Bruxelles.

PARIS

PARIS	BRUXELLES
H. PAULIN ET Cie, ÉDITEURS	J. LEBÈGUE ET Cie, ÉDITEURS
21, RUE HAUTEFEUILLE, 6e	46, RUE DE LA MADELEINE

1907

LA PAROLE

ET LES

TROUBLES DE LA PAROLE

LA PAROLE

ET LES

TROUBLES DE LA PAROLE

PAR

GEORGES ROUMA

Professeur de Pédagogie et de Psychologie
à l'École Normale provinciale de Charleroi.
Directeur de la section des Troubles de la parole à la Policlinique
de Bruxelles.

AVEC UNE PRÉFACE DU Dr DECROLY

Chef de service à la Policlinique de Bruxelles.

PARIS
H. PAULIN ET Cie, ÉDITEURS
21, RUE HAUTEFEUILLE, 6e

BRUXELLES
J. LEBÈGUE ET Cie, ÉDITEURS
46, RUE DE LA MADELEINE

1907

PRÉFACE

L'invitation à préfacer un livre est toujours flatteuse pour l'amour-propre, et, si modeste qu'on soit, on est excusable de l'accepter. Il en résulte parfois que des travaux de valeur discutable sont présentés au public sous le couvert d'un nom autorisé auquel, sur la foi d'une telle recommandation, des lecteurs confiants se laissent prendre ; d'où récriminations à l'adresse de l'auteur et du préfacier.

La crainte de provoquer de telles critiques chez quelques-uns de mes contemporains ne m'a nullement hanté lorsque M. Georges Rouma m'a demandé quelques lignes pour servir d'entrée en matière à son ouvrage. C'est que, depuis plusieurs années déjà je connais l'auteur. Au cours de la collaboration qu'il veut bien me prêter dans mes recherches sur les enfants anormaux à la Policlinique, à l'Institut d'enseignement spécial et à l'École n° 7, j'ai pu m'assurer de la conscience avec laquelle, théoriquement et pratiquement, il a étudié les divers points de ce chapitre déjà si vaste de nos connaissances : l'orthophonie.

Cet ouvrage, fruit de son labeur, et que je suis heureux de présenter aux lecteurs, arrive bien à son heure ; il n'existe en effet en langue française que peu ou pas de travaux de ce genre, remplissant le rôle de *vade mecum* en cette matière. Or, le but principal de ce manuel est de servir de guide aux maîtres, aux médecins et aux parents dans le *diagnostic*, la *prévention* et le *traitement* des troubles de la parole.

On ne doit pas s'attendre à y trouver approfondis les points de théorie pure se rapportant à la morphologie et au mécanisme du langage ; c'est là une œuvre d'anatomiste et de physiologiste qui appartient à d'autres.

L'auteur s'est contenté avec raison de puiser, dans les documents reconnus classiques, les bases nécessaires pour servir de point de départ à son exposé *clinique* et *thérapeutique*, objectif principal de son travail.

En second lieu, les sujets qu'il aborde et les problèmes auxquels il donne des solutions sont en connexion étroite avec la question de l'assistance et de la pédagogie des enfants irréguliers. D'une part, un grand nombre d'irréguliers ont besoin d'être traités au point de vue de la parole ; d'autre part, chez tout un groupe d'entre eux les troubles de ce genre sont au premier plan et constituent même toute l'anomalie (bègues, audi-muets, etc.). Or, par le fait que la question des enfants anormaux est à l'ordre du jour dans tous les pays, celle des défauts du langage l'est également. M. Rouma a suivi de près le mouvement intense qui s'est manifesté en Allemagne, notamment sous l'impulsion de Gutzmann, père et fils. Ce mouvement, comme on le sait, a abouti à la création d'un organisme central où des maîtres de toutes les villes allemandes ont été envoyés pour s'initier à l'orthophonie, et à l'institution d'une chaire à l'Université de Berlin pour permettre aux médecins allemands de s'initier aux mêmes problèmes.

Aux Congrès de l'Education et des Instituteurs à Liége, de même qu'aux conférences de la Société protectrice de l'enfance anormale, M. Rouma a présenté plusieurs rapports dans lesquels il a mis ce mouvement en évidence et montré la voie à suivre. Ses vœux ont été adoptés et leur répercussion s'est bientôt fait sentir. L'École normale de Bruxelles l'a chargé d'un cours d'orthophonie. M. Georges Rouma était donc tout désigné pour composer un manuel qui réunît les principales données sur ce sujet tout actuel. Aussi suis-je convaincu que la publication de son ouvrage sera accueillie avec faveur par les intéressés, et qu'il leur rendra de nombreux services.

D^r Ov. DECROLY

Chef de service à la Polyclinique de Bruxelles,
Directeur de l'Institut d'Enseignement spécial.

LA PAROLE

ET LES

TROUBLES DE LA PAROLE

CHAPITRE PREMIER

L'IMPORTANCE DE LA PAROLE ARTICULÉE POUR LE DÉVELOPPEMENT DE L'INTELLIGENCE

SOMMAIRE : *L'importance de la parole articulée pour le développement de l'intelligence.*

C'est dans ses rapports avec ses semblables que l'homme trouve les éléments nécessaires à son développement et à son perfectionnement intellectuels.

Le fruit de la longue expérience, de profondes méditations de milliers de ses semblables qui l'ont précédé sur la terre, il se l'assimile sans peine et s'en sert pour son bonheur propre ou pour enrichir à son tour de quelque idée originale, de quelque conception nouvelle, le patrimoine social. En quelques années, il se trouve être capable de manier ce que l'humanité tout entière a péniblement produit au cours de siècles de labeur.

Ce prodige, il le doit au langage.

Le langage sous toutes ses formes est un élément indispensable de développement individuel et par conséquent de progrès social, mais entre toutes les formes de langage, c'est la parole articulée (et la forme écrite qui en découle) qui contribue le plus à l'évolution du cerveau humain. La supériorité de la parole articulée sur le geste, l'intonation, le langage d'actions se trouve dans le maniement des mots.

Chez le petit enfant, ce n'est qu'à partir de l'installation des premiers mots que le développement de l'intelligence prend cet essor puissant qui la distance si rapidement de l'intelligence animale.

Le vocabulaire vient résumer, classer, mettre au point, toutes les acquisitions de l'enfant. Chaque mot est un centre sur lequel vient se condenser une foule d'impressions de toutes espèces. Chaque expérience nouvelle précise davantage le sens d'un mot acquis. Chaque mot nouveau pose le jalon d'une idée nouvelle. C'est ainsi que les pensées finissent par être si intimement liées à leur représentation abstraite, que généralement nous pensons avec les mots, et que beaucoup de personnes même, ne pensent bien qu'en mettant en action leur appareil moteur de langage, c'est-à-dire en parlant à haute voix. Il nous est difficile de concevoir une pensée sans les signes abstraits et conventionnels qui la représentent et la rendent en quelque sorte palpable.

Le mot n'est pas l'équivalent d'une impression, d'une idée définie, il est d'essence plus complexe et de nature plus souple.

Si j'énonce le mot *chapeau*, il n'y a pas là pour moi seulement une image auditive ou visuelle du mot entendu ou vu, ayant provoqué une image motrice du mot articulé. La seule émission vocale de ce mot *chapeau* réveille en moi tout un monde d'impressions diverses, acquises à des moments différents et par des sens divers. C'est un symbole unique qui renferme des images visuelles de forme et de couleur d'un nombre considérable de chapeaux de femmes, d'hommes et d'enfants, images visuelles sur lesquelles se greffent en sous-ordre des images tactiles diverses, des images auditives, voire même des images olfactives.

Le mot chapeau est donc un concept obtenu par la superposition, la condensation de multiples impressions provenant d'objets différents, mais ayant des qualités identiques ou semblables.

Mais par cela même que le mot représente une collection d'impressions personnelles, il est *personnel* et sa valeur varie d'individu à individu. Son sens chez chacun n'est pas complètement déterminé ; chaque jour il peut s'affiner sous l'influence d'impressions nouvelles, le mot évolue constamment en nous comme nos idées et cette évolution est d'autant plus intense que le mot représente une idée moins palpable, moins objective. Le mot *sublime* évoquera toujours des impressions absolument différentes et aura toujours une valeur particulière suivant qu'il apparaîtra dans la pensée d'un soldat ou d'un philosophe, d'un poète ou d'un musicien.

Le mot et l'idée sont solidaires et restent, quoique cela semble paradoxal, indépendants.

Le mot n'emprisonne pas l'idée, il aide la production de la pensée en permettant de faire évoluer, comparer, grouper dans le cerveau un grand nombre d'idées à la fois et en n'opposant pas une froide barrière par une valeur mathématiquement précisé.

Pour que la pensée puisse ainsi s'émanciper, rayonner autour de son enveloppe verbale et se diriger dans les domaines les plus élevés de l'abstraction, avec aisance et sans crainte d'égarement ou de confusion, il faut que les points d'appui soient solides. Il faut que chaque mot représente un concept obtenu par de nombreuses expériences et c'est là pour l'éducateur une indication de toute première importance. D'ailleurs, et j'aurai l'occasion de le démontrer par la suite, tout trouble de la parole articulée même léger constitue une cause perturbatrice de développement intellectuel.

Aussi, l'étude du mécanisme périphérique et intellectuel de la parole articulée, ainsi que la connaissance des conditions nécessaires à leur fonctionnement normal et les troubles qui peuvent les atteindre sont-elles tout à fait importantes.

CHAPITRE II

APPAREIL PÉRIPHÉRIQUE DE LA PAROLE ARTICULÉE

SOMMAIRE. — *L'appareil périphérique de la parole articulée : A*) L'appareil musculaire de la respiration. — *B*) L'appareil phonateur. — *C*) Formation de la voix. — *D*) L'appareil résonnateur et articulateur.

La parole articulée est composée de deux éléments, ce sont : 1° les *sons-voyelles ;* 2° les *articulations* ou *consonnes*.

La production des sons et articulations exige le concours de trois grands groupes d'organes, savoir :

a) Ceux qui procurent la force initiale ou organes de l'appareil musculaire de la respiration.

b) Ceux qui permettent la production de sons ou organes phonateurs.

c) Ceux qui modifient les sons primitifs en y ajoutant des accidents ou consonnes et qui les amplifient dans une certaine mesure ; ce sont les organes articulateurs et résonnateurs.

A) **Appareil musculaire de la respiration.**

Dans la respiration on distingue deux mouvements : l'*inspiration* qui fait pénétrer dans les poumons une certaine quantité d'air frais, et l'*expiration* qui expulse cet air après qu'il a échangé son oxygène contre l'acide carbonique, produit par les combustions internes.

Le courant expirateur est le résultat du *relâchement* des différents muscles. Au contraire, l'inspiration est obtenue par le *travail* de différents groupes de muscles. La contraction du muscle diaphragme fait abaisser sa courbure, ce qui agrandit le diamètre vertical de la cage thoracique; à ce mouvement s'associe l'action des muscles élévateurs des côtes qui élargissent les diamètres antéro-postérieur et transverse de cette même cage. La paroi des poumons suit le mouvement de la cage thoracique. Aussi, ce triple agrandissement thoracique est-il cause d'un déséquilibre de pression entre l'air intérieur et l'air extérieur, déséquilibre qui a pour effet de produire le courant d'air inspirateur.

Le relâchement des muscles mis en jeu pour l'inspiration ramène la cage thoracique à son volume primitif et donne naissance au courant d'air expirateur. Nous pouvons à notre gré activer ou ralentir ce relâchement, et faire ainsi varier la violence ou l'intensité du débit du courant d'air sortant.

Ce courant d'air expirateur entre dans le larynx par la trachée-artère.

B) Appareil phonateur.

Le larynx est la continuation de la trachée-artère; il aboutit dans le pharynx ou arrière-bouche. La membrane intérieure qui tapisse la trachée se continue sans arrêt et recouvre l'intérieur du larynx.

Le larynx est constitué par un ensemble de cartilages[1] mobiles les uns sur les autres, pouvant, par un système de muscles et de surfaces de glissement et d'articulation faire

1. Voir les figures.

varier les rapports de ligaments intérieurs qui jouent dans la formation des sons un rôle important.

La partie la plus inférieure est occupée par un cartilage en forme d'anneau qui s'élargit en arrière par son bord supérieur et constitue ainsi un appareil que l'on a comparé avec assez de justesse à une bague à chaton. Ce cartilage porte le nom de *cricoïde* (fig. 1 et 2 : *A*), de *cricos*, mot grec qui signifie *anneau* et *eidos*, autre mot grec qui signifie *semblable*.

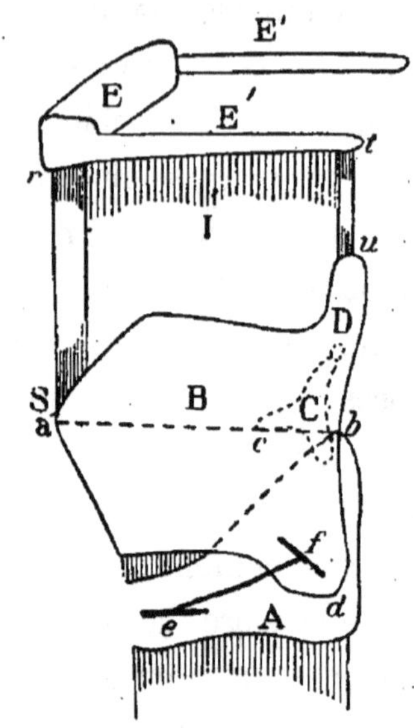

Fig. 1. — Figure demi-schématique montrant la disposition des cartilages, et le mode de suspension à l'os hyoïde.

A, cartilage cricoïde. — B, cartilage thyroïde. — C, cartilage arythénoïde. — D, cartilage de Santorini. — E, os hyoïde. — E', grandes cornes de l'os hyoïde. — I, membrane hyo-thyroïdienne.
rs, ligament hyo-thyroïdien moyen. — *tu*, ligament hyo-thyroïdien latéral. — *ab*, corde vocale (vue par transparence). — *ef*, muscle crico-thyroïdien.

Le *cartilage thyroïde* (fig. 1 et 2 : *B*) (thyréos = bouclier, eidos = semblable) appelé aussi parfois scutiforme, le plus considérable du larynx, se trouve placé immédiatement au-dessus du cricoïde. Il est constitué par deux lames cartilagineuses rectangulaires qui viennent se souder en formant un angle aigu, lequel détermine au-devant de la gorge un renflement très visible chez beaucoup d'hommes (pomme d'Adam). Ce cartilage se prolonge en arrière, à sa partie inférieure, par deux petites cornes qui vont s'articuler de chaque côté de la plaque du cricoïde dans une petite dépression ; à sa partie supérieure, par deux grandes cornes. Des ligaments fixés à ces grandes cornes et à la partie antérieure du thyroïde suspendent ce cartilage à l'os hyoïde.

A l'intérieur du cartilage cricoïde se trouve dans toute l'étendue de son pourtour un repli assez considérable de la membrane interne. Ce repli se fixe par sa partie postérieure au sommet du chaton du cricoïde, par ses bords latéraux au cartilage thyroïde, tandis que sa partie la plus antérieure s'insère dans l'angle aigu que forment les deux parties du thyroïde. Ce rebord membraneux porte, de par ses points d'attache, le nom de *ligament crico-thyroïdien* (fig. 1 : *ab*).

Le physiologiste français Ferrein donna à ce ligament le nom de *corde vocale* [1]. C'est sous ce vocable que ce ligament est généralement désigné aujourd'hui. Il est à remarquer cependant que la corde vocale vraie ne comprend pas toute l'étendue du ligament, elle part de l'angle rentrant du thyroïde et aboutit à un cartilage pair appelé *arythénoïde*. Elle peut donc être désignée d'une façon plus exacte sous le nom de *ligament thyro-arythénoïdien* (fig. 1 et 2 *ac*).

L'espace intérieur compris entre les bords des cordes vocales affecte la forme d'une fente triangulaire allongée ; on l'appelle *glotte*.

Pour permettre l'émission de sons il faut que les cordes vocales puissent se tendre, desideratum qui est réalisé par la disposition du cartilage thyroïde. En effet, celui-ci est suspendu à l'os hyoïde (*E*), il est mobile autour du point *d* (voir fig. 1) et constitue par conséquent un levier dont le point d'appui est en *d*, la résistance en *b*. La puissance est constituée par un petit muscle (*e f*) fixé latéralement au thyroïde un peu au-dessus de la corne inférieure et en avant du cricoïde (muscle crico-thyroïdien). Ce muscle,

1. Colombat l'appelle : *lèvres du larynx*.

lorsqu'il se contracte, abaisse le cartilage thyroïde et tend ainsi les cordes vocales, ce mouvement écarte le point *a* du point *b* (fig. 1). L'articulation qui, sur la figure 1, est désignée par la lettre *d*, est aménagée de manière à permettre un mouvement de glissement d'arrière en avant, mouvement qui vient encore amplifier le seul mouvement de rotation.

Lorsque les cordes vocales sont tendues, la glotte n'est pas tout à fait fermée. La membrane étant fixée à l'intérieur du chaton du cricoïde, il en résulte une petite ouverture triangulaire qui permet à l'air nécessaire à la respiration de passer, même lorsque les cordes vocales sont tendues. Mais cette ouverture serait un obstacle à la phonation s'il n'y était remédié par le jeu de deux petits cartilages (*c*) ayant la forme d'un triangle rectangle dont la base se fixe latéralement à la partie postérieure du cricoïde au même endroit que les cordes vocales. Ils s'élèvent parallèlement à une hauteur d'environ un centimètre au-dessus du quart postérieur de la glotte. Ces cartilages se nomment *arythénoïdes* (du grec *arutaina*, entonnoir et *eïdos*, semblable).

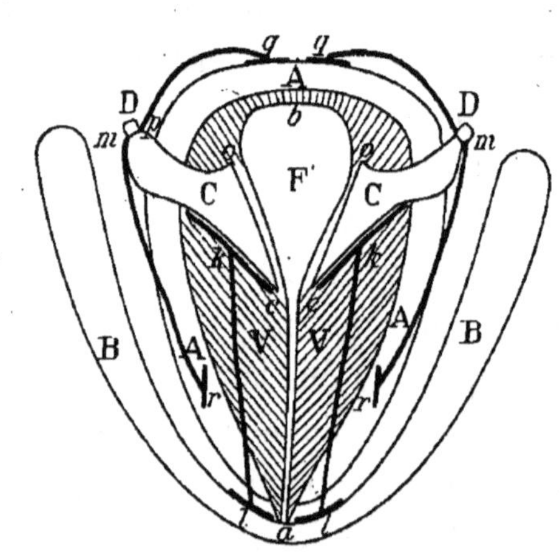

Fig. 2. — Coupe transversale du larynx à hauteur des cordes vocales.

A, cartilage cricoïde. — B, cartilage thyroïde. — C, cartilage arythénoïde. — D, cartilage de Santorini. — F, glotte vocale. — F', glotte respiratoire. — V, cordes vocales.
kl, muscle thyro-arythénoïdien. — *mr*, muscle crico-arythénoïdien antérieur ou latéral. — *pq* muscle crico-arythénoïdien postérieur.

Les arythénoïdes divisent le ligament crico-thyroïdien (*a b*) en deux parties : le ligament thyro-arythénoïdien (*a c*) ou corde vocale proprement dite et le ligament arythéno-cricoïdien (*c b*). Par ce fait aussi, la glotte se trouve être subdivisée en glotte vocale (fig. 2 : F) en avant, et glotte respiratoire (fig. 2 : F′) en arrière.

Au sommet de l'arythénoïde vient s'attacher un petit cartilage rectangulaire (D) : le cartilage de Santorini.

Les arythénoïdes peuvent se rapprocher complètement de façon à former au-dessus de la glotte respiratoire une sorte de cône qui force l'air expiré à s'échapper uniquement par la glotte vocale.

Les cartilages de Santorini viennent dans ce cas se presser l'un contre l'autre et assurent davantage encore la fermeture complète de la glotte respiratoire.

Quatre muscles pairs suffisent pour assurer les divers changements de position de la glotte. Les uns se chargent de rapprocher ses bords et de produire l'occlusion de la glotte respiratoire (muscles thyro-arythénoïdien (fig. 2 : *k l*) et crico-arythénoïdien antérieur (fig. 2 : *m r*), les autres de les éloigner jusqu'à faire prendre à la glotte la forme d'un losange dont la petite diagonale irait de la pointe antérieure d'un arythénoïde (*c*) à la pointe correspondante de l'autre arythénoïde (muscle crico-arythénoïdien postérieur (fig. 2 : *q p*) et muscle arythénoïdien transverse). Ces deux changements de forme de la glotte peuvent être concomitants à un soulèvement (muscle crico-arythénoïdien antérieur (*m r*) ou à un abaissement (muscle thyro-arythénoïdien (*k l*) et muscle arythénoïdien transverse) du larynx.

La cavité sus-glottique. — La partie située entre le pharynx et la glotte se nomme cavité sus-glottique. Elle n'est pas constituée par un tuyau uniformément large. En effet, immédiatement au-dessus de la glotte, sur les deux côtés latéraux du larynx, s'ouvrent deux petites cavités qui s'étendent sur toute la longueur des cordes vocales jusqu'à la base des arythénoïdes. Ces cavités pénètrent d'abord horizontalement les parois du larynx, puis forment un coude et remontent verticalement. Ces cavités portent le nom de *ventricules de Morgagni*. A quelques millimètres plus haut, on remarque un repli membraneux formant une ouverture triangulaire dont la pointe est dirigée en arrière. Ce repli porte le nom de *corde vocale supérieure*. Il est beaucoup moins important que l'inférieur; il se fixe en avant au cartilage thyroïde et à l'épiglotte, en arrière aux cartilages arythénoïdes.

Le larynx tout entier est suspendu à l'os hyoïde (E) qui est lui-même fixé à la base du crâne. L'os hyoïde est indépendant de notre système squelettique ; il a la forme d'un fer à cheval dont le corps se trouve dirigé en avant et les cornes en arrière. Indépendamment de ces trois pièces formant le fer à cheval, l'os hyoïde possède encore deux petites cornes qui viennent s'insérer sur le corps de l'os un peu à côté des grandes cornes. Un ligament solide (fig. 1 : *r s*) réunit le corps de cet os à l'angle rentrant du cartilage thyroïde, c'est le ligament hyo-thyroïdien moyen. Chacune des grandes cornes de l'os hyoïde supporte la partie postérieure du cartilage thyroïde, au moyen du ligament hyo-thyroïdien latéral (*t u*) qui, partant de leur extrémité, les unit aux cornes supérieures du thyroïde Enfin, une membrane solide appelée hyo-thyroïdienne (I) est tendue entre les bords de l'os hyoïde et ceux du cartilage thyroïde.

La partie supérieure du larynx circonscrite par cette membrane donne directement dans le pharynx ou arrière-bouche. Dans le pharynx vient également aboutir l'œsophage.

Lors de la déglutition, l'accès de la voie laryngée est protégé par un cartilage appelé *épiglotte*.

Des poches séreuses secrètent sur les surfaces de glissement d'articulation des différents cartilages entre eux, une substance lubréfiante qui facilite la mobilité des cartilages.

C) Formation de la voix.

Les phonéticiens sont loin d'être d'accord sur la manière dont le son se produit dans le larynx. Il existe à ce sujet une infinité de théories, quelques-unes savamment étayées par des expériences nombreuses, mais non concluantes encore. J'en citerai quelques-unes :

Galien et les anciens comparaient l'appareil vocal à une flûte. La trachée était considérée comme le corps, et le larynx, comme le bec de la flûte. Le son était le résultat des vibrations de la colonne d'air intérieure. Ces vibrations étaient provoquées par le heurt de l'air expiré contre le bec étroit formé par les cordes vocales inférieures.

Dodart (1700) assimile le larynx à un cor de chasse : les cordes vocales sont sensées correspondre aux lèvres du sonneur de cor.

Ferrein (1741) le premier, considère le larynx comme un instrument à cordes, dans lequel les cordes vocales vibrent sous l'influence du courant d'air expiré.

Cuvier, et après lui beaucoup d'autres, ont comparé le larynx à un instrument à vent du genre clarinette, dans lequel les cordes vocales sont assimilées à une anche vibrante.

Savart compare le larynx aux appeaux dont se servent les oiseleurs pour imiter le cri des oiseaux. Le son se forme dans les ventricules de Morgagni et est amplifié dans les cavités supérieures considérées comme résonnateurs.

Tout récemment Guillemin a repris cette théorie de Savart et l'a étayée par des expériences de Lootens de Tournai sur des tuyaux sonores. Lootens a démontré que la production de sons est accompagnée, dans l'intérieur des tuyaux sonores des orgues, de courants d'air circulaires ou cyclones. Guillemin se base sur ces expériences pour déclarer que le même phénomène doit se produire dans les ventricules de Morgagni et que ce sont ces cyclones qui engendrent la voix.

L'explication de Guillemin est loin d'être admise ; elle a rencontré des critiques très sérieuses.

La théorie de Helmholtz a joui longtemps d'un très grand crédit. Suivant le grand physiologiste allemand, les cordes vocales vibrant sous l'action du courant d'air expiré donnent naissance à une note fondamentale qui est accompagnée d'une infinité d'harmoniques. Les cavités buccale et nasale sont des résonnateurs qui renforcent une ou plusieurs de ces harmoniques. La réunion des harmoniques renforcées avec la note fondamentale forme la voyelle.

La théorie de Helmholtz, comme toutes les autres, ne résiste plus à une critique serrée. Aussi faut-il reconnaître qu'il n'existe aucune explication de la formation de la voix, qui soit universellement admise et scientifiquement démontrée.

D) Appareil résonnateur et articulateur.

Les organes qui concourent à la formation des consonnes et à l'amplification des voyelles sont : le pharynx, le voile du palais, la langue, les lèvres, les dents, les joues.

1° *Pharynx.* — Le pharynx est un conduit musculaire dans lequel aboutissent le larynx, l'œsophage, la cavité buccale, les fosses nasales et l'oreille moyenne (trompe d'Eustache). L'enveloppe musculaire externe du pharynx se compose d'un certain nombre de muscles pairs, constricteurs et élévateurs qui permettent l'obturation complète de certaines voies.

Le pharynx est un résonnateur qui amplifie le son des voyelles émises dans le larynx. Il est encore d'une autre utilité : le travail de ses différents muscles lui permet de s'avancer de manière à entrer en contact avec le voile du palais et d'empêcher l'air de pénétrer dans la voie nasale.

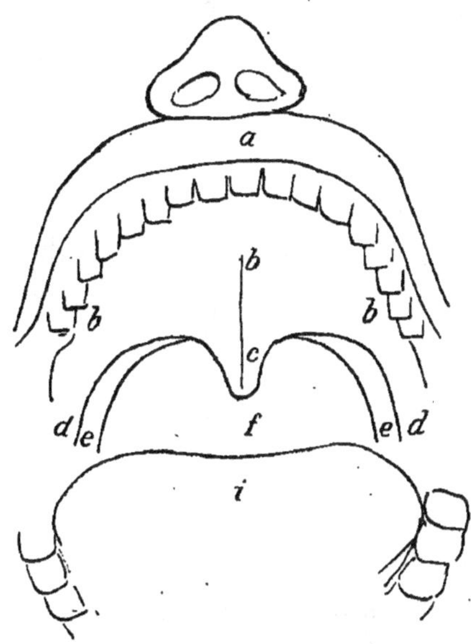

Fig. 3. — La cavité buccale.

a, lèvre supérieure. — *b*, palais. — *b c*, voile du palais. — *c*, luette. — *d*, pilier antérieur. — *e*, pilier postérieur. — *f*, pharynx. — *i*, langue.

2° *Voile du palais.* — Le prolongement mobile de la voûte buccale (palais) s'appelle voile du palais. Sa partie centrale se prolonge en languette conique qui porte le nom de *luette*. Les prolongements latéraux qui se voient de chaque côté de la luette portent le nom de *piliers* du voile du palais. Il existe de chaque côté un pilier antérieur et un pilier postérieur ; entre les deux se placent les amygdales. Le voile du palais ferme la voie nasale à l'air expiré en s'associant au travail du pharynx ; il peut aussi lui fermer la voie buccale en s'appliquant contre la base de la langue, il peut encore diviser le courant d'air en deux tronçons, l'un passant par le nez et l'autre par la bouche, en se suspendant au travers des voies aériennes.

Ces différents mouvements sont possibles grâce à l'action de cinq muscles pairs. Le fonctionnement régulier du voile du palais est indispensable pour la production de la plupart des articulations.

3° *Langue.* — La langue joue dans la formation des sons et articulations un rôle très important. Elle est constituée par neuf muscles différents, ce qui explique son extrême mobilité. La langue est recouverte d'une muqueuse qui se continue avec celle de la cavité buccale. Un pli de cette muqueuse formé sous la langue constitue le frein ou filet qui peut, s'il est très court, empêcher dans une certaine mesure les mouvements linguaux. Les enfants dont le filet de la langue est fixé ne peuvent téter. Une simple incision faite par le médecin remet facilement les choses en ordre.

4° *Lèvres, dents et joues.* — Les lèvres, les dents, les joues remplissent un rôle important dans la formation des consonnes. Ce rôle sera déterminé de façon plus précise quand je parlerai des troubles mécaniques de l'articulation.

Le travail coordonné des appareils périphériques de la parole, que je viens de décrire sommairement, se trouve être régi par le système nerveux. Je crois donc utile d'esquisser dans le chapitre qui suit le mécanisme intellectuel de la parole articulée.

BIBLIOGRAPHIE

Le but de ces notices bibliographiques est uniquement de donner l'indication de livres et articles dans lesquels on trouvera des détails complémentaires aux aperçus traités dans cet ouvrage. Pour éviter des pertes de temps au chercheur, j'ai élagué beaucoup de travaux ou trop anciens ou ne présentant pas suffisamment de matières originales.

Aux intéressés désireux de posséder une bibliographie plus complète je recommande de s'adresser aux *Instituts Internationaux de Bibliographie* et notamment à celui établi à Bruxelles, place du Musée.

De Meyer. — Les organes de la parole. Paris. 1885, *Bibl. Scientif. Internat.* Alcan.

Eldar. — Spreken en Zingen, Mys, Tiel (Nederland).

Fournier. — Physiologie des sons de la voix et de la parole. 1877.

Gavarret. — Phénomènes physiques de la phonation et de l'audition.

Grützner. — Physiologie der Stimme und Sprache.

Heitzmann. — Atlas der Anatomie.

Marage. — Phonation et Audition. *Ann. Psychol.*, 1902, p. 257-298.

Rabaud. (Et.) — Anatomie élémentaire du pharynx, du larynx, de l'oreille et du nez. Paris, 1902.

CHAPITRE III

LE MÉCANISME INTELLECTUEL DE LA PAROLE ARTICULÉE

SOMMAIRE. — *Le mécanisme intellectuel de la parole articulée : A*) Les centres cérébraux. — *B*) Importance relative des centres cérébraux de la parole. — *C*) Mécanisme cérébral dans l'acquisition du langage. — *D*) Hypothèse d'un centre supérieur de la diction.

A) **Les centres cérébraux.**

C'est l'étude anatomo-clinique de maladies cérébrales se caractérisant par la perte d'une ou de plusieurs modalités du langage, — alors que les appareils périphériques de réception et d'expression restent intacts — qui a permis de déterminer de façon précise la localisation, les points de concentration, de groupes d'images verbales.

A la seconde moitié du siècle dernier appartient le grand mérite d'avoir inauguré ces méthodes d'investigation réellement scientifiques, basées exclusivement sur l'observation et l'expérimentation.

C'est en disséquant le cerveau d'un sujet ayant, à un moment donné de sa vie, perdu la faculté de se servir de la parole articulée, que le savant français Broca découvrit, en 1861, que *les images motrices d'articulation ont leur siège dans la* 3e *circonvolution frontale gauche*.

Cette importante découverte fut le point de départ de nombreuses et importantes études et analyses anatomo-cliniques en France, en Allemagne, en Anglèterre, etc., qui, d'une part, vinrent confirmer et préciser la situation d'un centre moteur de la parole articulée, et, d'autre part, poser de nombreux points d'interrogation qu'il fallait chercher à résoudre. Ce centre de langage était-il unique ? Quel était exactement son rôle ? Quels étaient ses rapports avec les centres voisins ? etc., etc.

En France, Trousseau, Charcot, Jaccoud, Gombault et Philippe, etc., — en Angleterre, Poplain, Huglings, Jackson, Ogle, Gaïrdner, Bastian, etc., — en Allemagne, Hitzig, Fritsch, Wernicke, Kussmaul, etc., se livrent avec ardeur aux analyses cliniques et aux dissections.

En 1874, le physiologiste allemand Wernicke dissèque le cerveau d'un malade qui, durant sa vie, quoique ayant conservé une acuité auditive parfaite, ne pouvait plus associer une idée aux mots entendus (surdité verbale).

Il observe une lésion dans la 1re circonvolution temporale gauche. Wernicke déduit de cette observation l'existence d'un second centre du langage, *un centre des images auditives* ou *centre sensoriel des images de mots* (sensorische Wortgedächtnisse).

En 1881, Exner croit pouvoir affirmer que les mouvements graphiques sont localisés dans un centre spécial situé dans le pied de la 2e circonvolution frontale gauche.

Cette hypothèse fut reprise et soutenue par Bastian (Angleterre), Ballet et Charcot (France). Elle fut fortement combattue par Lichtheim et Wernicke (Allemagne), Déjerine et ses élèves (France), qui considèrent les mouvements de l'écriture comme une forme de la motilité de la main. On ne peut parler qu'avec son appareil bucco-pharyngo-laryngé, on peut écrire avec le coude, avec le pied, en patinant, avec un point quelconque du corps, pourvu qu'il soit assez mobile (Wernicke, Déjerine). D'autre part,

Déjerine, Bernheim, Parisot, Magnan ont montré que si des gauchers ayant appris à écrire de la main droite deviennent aphasiques, ils ont également des troubles de l'écriture du côté droit, quoique la main droite ait conservé toute sa motilité. Le centre graphique ici devrait se trouver dans un autre hémisphère que les centres du langage et devrait donc être épargné.

Enfin, il n'existe aucune autopsie ayant montré une lésion d'un point déterminé du cerveau et correspondant à des troubles purement graphiques.

Aujourd'hui, il est généralement admis que l'hypothèse de l'existence d'un centre graphique doit être rejetée.

En 1881, Déjerine découvre le *centre des images visuelles verbales* siégeant dans le pli courbe gauche, en autopsiant un malade atteint de cécité verbale (le sujet ne peut attacher une idée aux mots qu'il voit, quoique l'acuité visuelle soit restée intacte). L'existence de ce centre fut confirmée par la suite.

L'accord était à peu près parfait jusqu'à ces derniers temps parmi les savants pour admettre trois centres d'images du langage :

a) Le *centre des images motrices d'articulation* (Broca, 1861) situé dans le pied de la 3e circonvolution frontale.

b) Le *centre des images auditives verbales* (Wernicke, 1874) situé dans la partie postérieure de la 1re et de la 2e circonvolution temporale.

c) Le *centre des images visuelles verbales* (Déjerine, 1881) situé dans le pli courbe.

Ces centres étaient logés dans l'hémisphère gauche chez les droitiers, et dans l'hémisphère droit chez les gauchers. Ils sont t ujours unilatéraux. Ils occupent une vaste zone de l'écorce cérébrale (voir fig. 4).

Mais récemment le Dr Marie, médecin des hôpitaux, dont on connaît les recherches constantes en matière de lésions cérébrales et la probité scientifique, est venu apporter des observations qui démontreraient qu'il faut reviser les idées actuelles sur l'aphasie.

Nous les exposons sommairement sans prendre parti, la question étant encore en discussion. C'est le Dr Dejerine qui soutient contre M. Marie l'opinion ancienne.

Le Dr Marie se basant et sur des cas où la 3e frontale gauche est détruite sans que le malade droitier soit atteint d'aphasie et sur des cas d'aphasie de Broca dans lesquels l'intégrité de la 3e frontale gauche est conservée, conclut que l'aphasie motrice n'est autre chose qu'une aphasie sensorielle accompagnée d'anarthrie; rejetant complètement la localisation de Broca, il considère l'aphasie motrice comme liée à une lésion de l'aphasie sensorielle combinée avec une lésion du noyau lenticulaire.

Quant à l'aphasie sensorielle, elle n'est pas la conséquence d'une destruction des images sensorielles du langage. Les symptômes relevés chez le malade sont dus à une même cause : la diminution de l'intelligence.

En résumé, tout aphasique est un être à intelligence diminuée, affaiblie (le sensoriel aussi bien que le moteur), mais le sensoriel a un noyau lenticulaire intact et parle en jargon aphasique ou en paraphasique, tandis que le moteur a un noyau lenticulaire détruit, et ne peut parler.

(Article du Dr Marie, *Semaine médicale*, 15 mars 1906. Article de Dejerine, 11 juillet et 18 juillet, *Presse médicale*.)

Le Dr Bernheim, de Nancy, dans une brochure récente (1907), présente lui aussi une théorie nouvelle des aphasies, dans laquelle il combat l'existence des centres du langage. Pour lui, les images cellulaires diverses ne résulteraient pas d'impressions localisées dans un point du cerveau, mais de modalités cellulaires spéciales déterminées par chaque impression et susceptibles de se reproduire.

Les centres du langage sont reliés entre eux par des fibres courtes d'association, ils sont également en rapport avec d'autres centres de la corticalité.

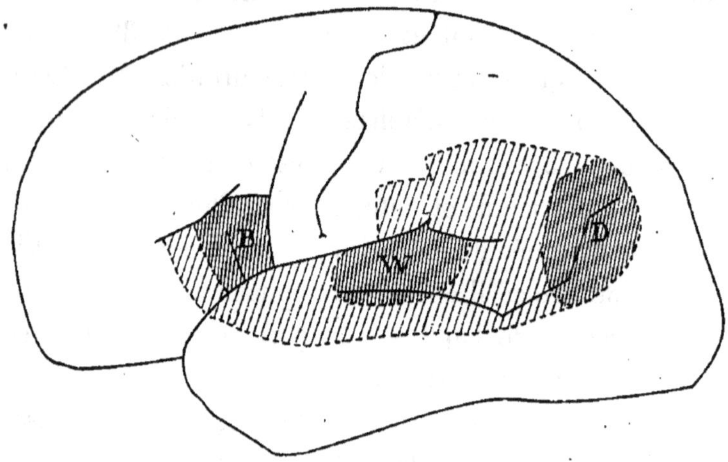

Fig. 4. — Surface extérieure de l'hémisphère cérébral gauche indiquant la place des centres de la parole articulée.

B, centre de Broca ou des images motrices d'articulation. — W, centre de Wernicke ou centre des images auditives des mots. — D, centre de Déjerine ou des images visuelles des mots. — La partie marquée par des hachures montre toute la zone du langage suivant Déjerine.

Le centre moteur est relié aux centres des mouvements de la langue, des lèvres, du larynx, situés dans l'opercule rolandique (point de jonction des circonvolutions frontale ascendante et pariétale descendante). Les centres des mouvements du larynx, de la langue, etc., étant bilatéraux, des fibres partent du centre de Broca, traversent le *corps calleux* et vont aboutir à l'opercule rolandique de l'autre hémisphère.

Le centre auditif verbal et le centre visuel verbal sont

reliés aux centres généraux de l'audition et de la vision des deux hémisphères.

B) **Importance relative des centres cérébraux de la parole.**

Lorsqu'un point quelconque de la zone du langage est détruit, il en résulte des troubles profonds dans le domaine du centre atteint, mais on observe également des troubles dans toutes les modalités du langage. Les images verbales sensorielles et motrices de toutes catégories sont donc solidaires.

Une lésion du centre auditif entraîne la perte de la compréhension auditive des mots; elle entraîne aussi, dans une certaine mesure, l'agraphie et la cécité verbale, en outre elle provoque la paraphasie (emploi des mots les uns pour les autres), et la jargonaphasie (formation de mots inconnus dans la langue). Le rôle du centre auditif est donc considérable, il exerce une véritable tutelle sur tous les autres centres du langage. Sa perte entraîne l'oubli de la notion du mot. Il régularise également le fonctionnement du centre moteur.

Si le centre moteur est détruit, il n'y a plus de parole possible; en outre l'écriture, l'audition des mots, la lecture sont atteintes.

La perte du centre des images visuelles des mots — cécité verbale — a des conséquences assez semblables, quoique moins accentuées, à la perte des images auditives.

C) **Mécanisme cérébral dans l'acquisition du langage.**

Examinons comment ces différents centres fonctionnent chez un enfant normal qui apprend à parler (voir fig. n° 5).

Une maman présente à son bébé un objet, soit une poupée ; elle montre l'objet, articule plusieurs fois le nom, donne la poupée à l'enfant.

L'enfant a regardé la poupée, — a entendu articuler le mot *poupée*, plusieurs fois, — il a vu remuer les lèvres de sa maman pendant qu'elle émettait ce mot, — a pris l'objet dans ses bras.

Au point de vue impressif, l'enfant a donc emmagasiné :

a) Une image visuelle de la poupée ;

b) Une image auditive du mot poupée ;

c) Une image visuelle de l'articulation du mot poupée ;

d) Une image tactile de la poupée.

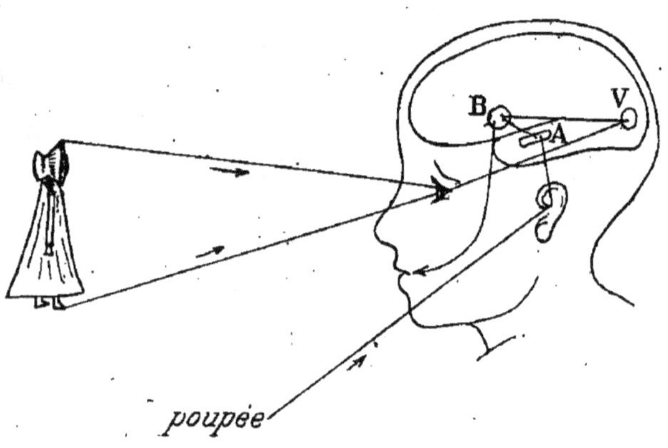

Fig. 5. — Acquisition du mot *poupée*.

Toutes ces images ont été émises en même temps, elles resteront par la suite associées, et constituent la notion *poupée*.

La réception de cette notion poupée ne s'est pas faite aussi platoniquement cependant. L'image auditive du mot et l'image visuelle du mot articulé ont excité le centre moteur (de Broca) de la parole qui, à son tour, a excité les centres qui président aux mouvements de la langue, des lèvres, du larynx, etc., dans le sens de la reproduction du mot entendu et vu (sur les lèvres). L'enfant reproduit le mot. La notion de la poupée est, dès ce moment, complétée par l'image motrice du mot.

Cette première imitation est généralement maladroite, d'abord parce que les appareils périphériques ne répondent pas encore convenablement aux impulsions centrales, ensuite parce que l'image auditive est encore peu précise. Dans la suite l'image motrice s'améliore, devient conforme au modèle; cette amélioration se fait surtout par le sens auditif, l'enfant entend sa propre parole et la compare à celle de sa maman, elle est facilitée par les images kinesthésiques (de kinésis, mouvement), c'est-à-dire l'ensemble des impressions tactiles, musculaires et autres perçues par la mise en mouvement de l'appareil périphérique de la parole.

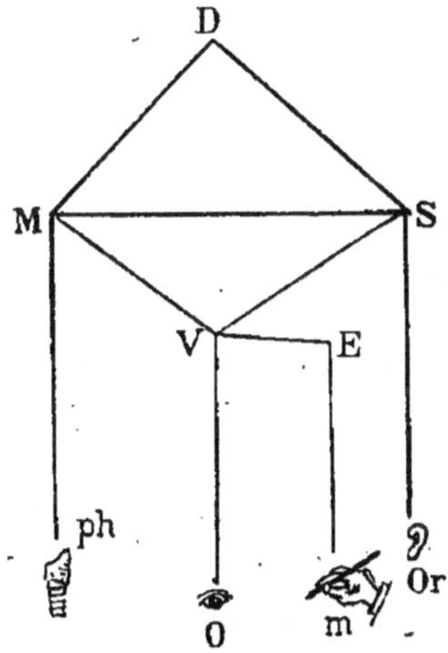

Fig. 6.

D représente le centre supérieur de la diction, relié directement au centre de Wernicke : S (sensoriel) d'une part et au centre de Broca M (moteur) d'autre part. — Les centres sensoriels et moteurs étant eux-mêmes reliés au centre visuel des mots (lecture) V, et au centre de la motilité de la main (écriture) E. Les voies SO*r*, M*ph*, VO, E*m*, aboutissant respectivement à l'oreille, aux organes phonateurs et articulateurs, à l'œil, à la main.

D) **Hypothèse d'un centre supérieur de la diction.**

La théorie donnée ci-dessus concernant l'établissement de la parole chez l'enfant se base sur des données fournies par l'expérimentation et les dissections. Elle ne permet cependant pas d'expliquer l'usage du *verbe* en temps que manifestation supérieure de l'intelligence. Les différents centres décrits peuvent parfaitement être intacts dans leur structure et dans leur fonctionnement et cependant le langage peut être atteint. Tel pourrait être le cas d'un individu parlant avec facilité, émettant les mots justes, mais exprimant cependant des idées incompréhensibles, non coordonnées.

On admet hypothétiquement qu'il doit exister un centre supérieur d'association que d'aucuns ont baptisé du nom de *dictorium* ou centre de la diction, que d'autres désignent simplement par x, lequel centre présiderait aux opérations supérieures du langage. Ce centre serait relié aux autres centres sensorio-moteurs de la parole, il dirigerait leur fonctionnement.

On obtiendrait alors pour expliquer le fonctionnement de la parole le schéma de la figure 6, emprunté à Wernicke et Lichtheim.

BIBLIOGRAPHIE

BALLET (G.). — Le langage intérieur et les diverses formes de l'aphasie. *Bibl. de philos. contempor.*, 2e édit., Alcan.

BASTIAN (CHARLTON). — A treatise on Aphasia and other speech defects. London, 1902.

BERNHEIM. — L'aphasie motrice. *La Parole*, 1901.

BERNHEIM. — Doctrine de l'aphasie. Conception nouvelle. Paris, Doin, 1907.

BRISSAUD. — Maladies de l'encéphale. Ch. VII, Aphasie (p. 102-132) in *Traité de Médec.* publ. s. la direction de Charcot, Bouchard et Brissaud, t. VI. Paris, 1894.

DÉJERINE. — Séméiologie du système nerveux, in *Traité de Pathologie générale* publ. par Ch. Bouchard, t. XV, p. 358-1068. Paris, 1901.

DUVAL. — L'aphasie depuis Broca. *Rev. Scientif.*, 1887, p. 769.

GOMBAULT ET C. PHILIPPE. — Contribution à l'étude de l'aphasie *Archives de médecine expérimentale*, p. 351-545, 1896.

LAUTZENBERG. — Contribution à l'étude de l'aphasie motrice. Paris, 1897.

LEROY. — Le langage intérieur, 1905. *Bibl. de philos. contempor.* Alcan.

Makuen. — Défectuosités du langage déterminant quelques troubles des fonctions cérébrales. Voix parlée et chantée, 1901, XII, p. 72-77.

Mirallié. — De l'aphasie sensorielle. Paris, 1896.

Oltuszewski. — Psychologie und Philosophie der Sprache. Berlin, 1901.

Ribot. — Les maladies de la mémoire. 19e édition. Paris, Alcan, 1906.

Sachs. — Gehirn und Sprache, Bergmann. Wiesbaden, 1905.

Saint-Paul. — Le langage intérieur et les paraphasies. Paris, 1904.

Scuri. — Pseudo-afasia sensoriale (Wernicke) o pseudo sordità verbale (Kussmaul) nei bambini. *La Parola et la cura dei suoi difetti.* Rome, t. I, fasc. II, 1905.

CHAPITRE IV

CLASSIFICATION DES TROUBLES DE LA PAROLE

(D'APRÈS MORSELLI, KUSSMAUL, PREYER, BUNGE)

SOMMAIRE. — *Classification générale des troubles de la parole :* *A*) Les dyslogies. — *B*) Les dysphasies. — *C*) Les dysphrasies. — *D*) Les dysarthries. — *E*) Les dyslalies. — Les troubles se rencontrant chez les écoliers normaux et anormaux.

Dans l'état actuel de nos connaissances, il n'est pas possible de donner une classification des troubles, tout à fait scientifique. Celle que je donne ci-dessous, est constituée d'après les travaux de divers savants qui ne sont malheureusement pas toujours d'accord sur les termes à adopter et sur la définition des différents troubles. Cette classification est purement théorique, *rarement* les troubles de la parole se particularisent à une seule des formes décrites ci-dessous.

L'émission de la parole articulée dans un but de communication avec ses semblables comprend chez l'homme sept phases :

1° Les paroles de l'interlocuteur doivent être entendues (audition) ;

2° Un sens doit être attribué aux mots entendus (perception verbale) ;

3° Les mots entendus — signes d'idées — doivent être comparés aux idées emmagasinées antérieurement (travail intellectuel, pensée) ;

4° Une réponse doit être formulée en évoquant les images verbales nécessaires dans les centres correspondants (langage intérieur);

5° Ces images verbales doivent être disposées suivant un ordre déterminé par les règles grammaticales et syntaxiques (diction, élocution);

6° Le discours ainsi préparé doit être transmis comme acte moteur à travers les appareils centraux et périphériques qui président à la coordination des mouvements de la phonation et de l'articulation (coordination des sons et articulations en syllabes et mots);

7° Les appareils phonateurs et articulateurs doivent exécuter les mouvements nécessaires à l'émission du discours (phonation et articulation).

Des troubles peuvent se présenter dans le travail de chacune de ces phases nécessaires à l'émission de la parole articulée en tant que signe d'idée.

Les troubles se présentant dans les fonctions 1 et 2 appartiennent au domaine impressif ou sensoriel :

a) Le sujet n'entend pas : *surdité* complète, entraînant comme conséquence la *mutité*.

b) Le sujet est *dur d'ouïe ;* il comprend mal et interprète mal.

Son centre de Wernicke se meuble d'images estropiées. Il peut en résulter des troubles divers d'articulation ou d'élocution.

c) Le sujet ne peut associer un sens aux mots entendus : *surdité verbale*.

Les troubles se rapportant aux phases 3 à 7 sont du domaine expressif.

A chacune de ces fonctions (de 3 à 7), correspond une classe de troubles de la parole :

A). La pensée est troublée : *dyslogies.*

B) Le langage intérieur est troublé : *dysphasies.*

C) L'élocution (diction) est troublée : *dysphrasies.*

D) La coordination des sons et des mots dans l'articulation des mots et des phrases est troublée : *dysarthries.*

E) L'articulation est troublée : *dyslalies.*

Chacun de ces grands groupes peut lui-même être divisé en une foule de troubles plus particularisés.

A) Les dyslogies.

PRINCIPALES FORMES

a) Le sujet peut être incapable d'exprimer ses propres concepts et sentiments parce qu'il lui manque la capacité intellectuelle nécessaire pour percevoir les rapports entre les choses et les signes du langage : *alogie congénitale* (idiotie aphasique).

b) Le sujet ne parle plus parce qu'il a perdu l'intelligence : *alogie acquise* (des déments).

c) Le sujet ne peut articuler que des mots de une ou deux syllabes, il lui est totalement impossible d'émettre des mots polysyllabiques : *ipologie.*

d) Le sujet perd momentanément la parole (souvent sous l'influence d'une forte émotion) : *ipologie inhibitoire* ou *fonctionnelle.*

B) Les dysphasies.

Les défauts concernent l'évocation des images verbales nécessaires au discours. Ils se rapportent donc aux centres corticaux du langage.

PRINCIPALES FORMES

a) Le sujet a perdu toutes ses images verbales, sensorielles et motrices : *aphasie totale* (destruction des centres du langage).

b) Le sujet est incapable d'évoquer les images verbales musculaires nécessaires à l'articulation : *aphasie motrice* (lésions du centre verbo-moteur).

c) Le sujet est incapable d'évoquer les images sensorielles des mots : *aphasie sensorielle* (lésions des centres sensoriels).

α) Il ne peut évoquer les images auditives : *surdité verbale*.

β) Il ne peut évoquer les images visuelles : *cécité verbale*.

d) Le sujet emploie ses mots les uns pour les autres : *paraphasie*.

e) Le sujet forge des mots n'existant dans aucune langue : *jargonaphasie*.

f) Le sujet se trouve dans l'impossibilité de trouver le mot propre : *aphasie amnésique*.

C) **Les dysphrasies.**

Ces troubles concernent la faculté de grouper les mots en phrases.

PRINCIPALES FORMES

a) Le sujet ne sait employer les mots conformément aux règles de la grammaire. Il emploie les verbes à l'infinitif, laisse de côté les articles, les pronoms, les conjonctions, place des terminaisons grammaticales défectueuses : *agrammatisme — dysgrammatisme*.

b) Le sujet ne sait composer une phrase conformément à la syntaxe, il dispose des mots suivant la succession des idées, etc. : *akataphrasie*.

c) Le sujet parle avec lenteur sur un ton monotone, saccadé, interrompu : *ipophrasie* (enfant sans grand développement, anormaux ; — régression sénile).

d) Le sujet parle avec rapidité, passe sans arrêt d'une phrase à l'autre : *hyperphrasie* (ivrognes, enfants bavards, déments).

e) Le sujet éprouve de la difficulté à unir les images verbales avec leurs idées de telle façon que des images défectueuses sont émises, rendant les phrases incompréhensibles ou les détournant de leur sens : *paraphrasie*.

f) Le sujet répète continuellement un mot, une phrase, une rime ou un vers qui lui plaît ; *palimphrasie*.

g) Le sujet intercale dans son discours des syllabes, mots ou phrases inutiles : *embolophrasie*.

h) Le sujet émet des phrases n'ayant aucune forme et aucun sens : *choréophrasie*.

i) Le sujet répète le dernier mot ou la dernière syllabe de ce qu'il a entendu : *échophrasie* ou *écholalie*.

D) **Les dysarthries.**

1. Il y a désharmonie entre les impulsions motrices et le travail des appareils périphériques alors que ces appareils sont capables de fonctionner normalement et que les voies motrices sont perméables. Ce sont les *dysarthries fonctionnelles*.

PRINCIPALES FORMES

a) Les différentes variétés du *bégaiement*.

b) Le bredouillement.

2. Le sujet éprouve des difficultés à grouper les sons et articulations en syllabes, parce que la formation des

impulsions motrices est altérée ou parce que leur transmission se fait à travers des voies insuffisamment perméables.

Ce sont les *dysarthries organiques.*

PRINCIPALES FORMES

a) La syllabisation est lente, forcée, incertaine : *bradyarthrie.*

b) L'articulation des mots est scandée, incomplète : *mogiarthrie.*

c) La coordination du mot en tant qu'une unité linguistique, formée de syllabes et de sons est altérée : *achoppement syllabique* (Kussmaul).

d) La faculté d'émettre les mots et les syllabes est plus ou moins abolie : *anarthrie.*

Les dysarthries organiques se retrouvent toutes dans les stades du développement du langage chez l'enfant.

On pourrait y ajouter le bredouillement bulbo-nucléaire des petits enfants qui, ne possédant pas encore le contrôle de leurs muscles, ne produisent que des mouvements maladroits de ceux-ci.

E) **Les dyslalies.**

Les dyslalies sont constituées par des désordres qui ont pour siège les appareils d'articulation. Elles sont souvent des reliquats de dysarthries organiques antérieures. Elles coexistent souvent avec les dysarthries organiques ou même avec les dysarthries fonctionnelles.

1. Les dyslalies peuvent être dues à la conservation de mauvaises habitudes, de mouvements défectueux et anormaux des muscles articulateurs, acquis dans l'enfance et

conservés dans la suite. Ce sont les dyslalies congénitales ou idiopathiques.

PRINCIPALES FORMES

a) Le sujet n'émet pas certaines articulations : *mogilalie*.

b) Le sujet remplace certaines articulations par d'autres : *paralalie*.

c) Le sujet éprouve une difficulté générale d'articulation, celle-ci est pénible : *bradylalie*.

d) Le sujet n'articule aucune consonne : *alalie*.

2. Les dyslalies peuvent être imputables à des anomalies des organes articulateurs : implantation vicieuse des dents, mâchoires anormalement articulées, lèvres trop courtes ou trop épaisses, palais trop élevé ou percé de fissures, voile du palais trop court, pharynx nasal obstrué par des végétations adénoïdes, amygdales trop grosses. Ce sont les *dyslalies mécaniques* ou *organiques*.

*
* *

Parmi les troubles signalés dans cette classification, il en est que l'instituteur aura très souvent l'occasion de rencontrer parmi les écoliers normaux ou anormaux et pour lesquels son intervention pourra être très efficace.

Chez les écoliers normaux, il rencontrera surtout :

a) Des *dyslalies*.

b) Des *dysarthries*.

Chez les écoliers anormaux, l'instituteur aura à s'occuper de troubles plus divers. Il rencontrera :

a) Des dyslalies ;

b) Des dysarthries ;

c) Des dysphrasies;

d) Des dyslogies.

Les troubles provenant d'une faiblesse auditive sont fréquents chez les écoliers tant normaux qu'anormaux.

Les dysphasies, qui sont très rares chez les enfants, appartiennent essentiellement au domaine des spécialistes.

BIBLIOGRAPHIE

BASTIAN. — A treatise on aphasia and other speech defects. Londres, 1902.

DECROLY ET ROUMA. — Observations cliniques, 1902-3, 1903-4. Section des Troubles du langage de la Policlinique de Bruxelles. *La Policlinique,* 15 septembre, 1er octobre, 1er novembre, 15 décembre 1904.

KÜSSMAUL. — Les troubles de la parole. Paris, 1884, traduct. franç.

MARIQUE. — Tableau synoptique des appareils et des troubles morbides du langage. *Bulletin de la Société d'Anthropologie de Bruxelles.* 1887-88, p. 242-43.

MORSELLI. — Malattie Mentali.

OLTUSZEWSKI. — Aperçu général de la pathologie et de la thérapeutique des vices de la parole. *Archives de Neurologie,* 1899, p. 434.

PREYER. — L'âme de l'enfant, 1887, traduct. franç.

CHAPITRE V

TROUBLES IMPRESSIFS

SOMMAIRE. — *Les troubles impressifs : A*) Les sourds. — *B*) Les durs d'ouïe.

A) Les sourds.

La surdité peut se présenter chez un enfant par suite de défectuosité anatomique ou de lésion des appareils, des nerfs, ou des centres auditifs. Dans ces cas, le centre de Broca ou centre moteur de la parole, n'étant point sollicité, ne se développe pas, et le sujet reste *muet*. La mutité est le résultat fatal d'une surdité congénitale ; toutefois, si la surdité apparaît chez un enfant avant l'âge de 7, 8 ou 9 ans, la parole déjà acquise, perd peu à peu de sa clarté, de sa netteté, jusqu'à tomber dans une confusion assimilable à la mutité.

La surdité congénitale peut être imputable à l'hérédité (mariage consanguin, alcoolisme, etc.), à l'influence du milieu climatérique (plus fréquente dans les pays de montagnes, pays marécageux, etc.).

La surdité peut s'acquérir à la suite de maladies infectieuses : coqueluche, diphtérie, rougeole, scarlatine, etc.

Un coryza mal soigné, des végétations adénoïdes peuvent provoquer une infection du pharynx nasal et, se communiquant à l'oreille interne, produire les accidents les plus graves au point de vue de l'audition.

Les sourds complets ou ceux dont l'audition est très faible et qui, par ce fait, sont muets, peuvent être soignés dans des établissements spéciaux où on leur apprend à parler et à lire sur les lèvres, la parole d'autrui.

Les institutrices des écoles Froebel auront parfois l'occasion de recevoir des enfants sourds-muets dans leur classe. Elles pourront intervenir utilement pour ouvrir l'intelligence de ces enfants et les préparer déjà à l'enseignement qu'ils recevront dans les instituts spéciaux. Cette préparation consistera surtout en exercices des sens et particulièrement des sens visuels et musculaires.

Les occupations manuelles du Jardin d'enfants pourront rendre ici de très grands services.

Il importe surtout que l'enfant sourd-muet ne soit pas abondonné à lui-même. Il a besoin qu'on s'occupe de lui plus qu'un autre enfant.

B) **Les durs d'ouïe.**

Il existe très peu de sourds complets. Entre le sujet entendant normalement et celui atteint de surdité absolue, il existe toute une gamme de surdités moins accentuées.

A l'institut spécial on ne prend guère que les sujets qui ne peuvent distinguer la parole humaine et qui, par ce fait, sont devenus ou sont restés muets. Les autres qui sont simplement durs d'ouïe et qui parlent, fréquentent les écoles ordinaires.

Hartmann, de Berlin, a présenté au *Verhandlungen der Deutschen otologischen Gesellschaft* tenu à Hombourg, les 9 et 10 juin 1905, un rapport sur les durs d'ouïe dans les écoles. Dans ce rapport je trouve que :

Weil en découvre	32,6	p. 100	dans les écoles de	Stuttgart.
Bezold	—	25,8	—	—	Munich.
Nager	—	40,3	—	—	Lucerne.
Ostman	—	28,4	—	—	Marburg.
Laubi	—	10,8	—	—	Zurich.
Denker	—	23,3	—	—	Hagen.

De la comparaison de ces chiffres, il résulte qu'un quart environ des écoliers n'a pas une audition normale. Or, le professeur Bezold, de Munich, a montré dans des travaux savamment étayés, que plus la dureté de l'ouïe est grande, plus le développement intellectuel est retardé.

Cela s'explique aisément. L'enfant qui entend mal, comprend mal, l'intérêt des leçons diminue considérablement pour lui. Il s'habitue ainsi, peu à peu, à ne plus écouter et son esprit ne travaillant pas, s'engourdit graduellement.

Dans une classe de durs d'ouïe de Berlin, composée de 12 élèves, il en était 4 qui avaient été signalés comme intellectuellement inférieurs (schwachbefähigten). Lorsque ces enfants se trouvèrent dans le nouveau milieu qui tenait compte de leur infériorité physique, ils se montrèrent entièrement aptes au travail scolaire et témoignèrent d'une intelligence tout à fait normale [1].

La dureté d'ouïe peut entraîner des troubles divers de la parole.

Le sujet peut ne pas différencier certains groupes de consonnes, il peut notamment confondre les consonnes sonores et les consonnes muettes (*p*, *t*, *k*, *f*, *s*, *ch*, avec *b*, *d*, *g*, *v*, *z*, *j*), il peut confondre également des explosives (*t* et *k*), des soufflantes (*s* et *ch*) entre elles.

La dureté d'ouïe peut donc être la cause de dyslalies diverses. Mais il se présente aussi que le sujet ne perçoit

1. Cité par Hartmann.

pas les phrases entières. Il en devine le sens, grâce à l'intonation, au geste qui les accompagne. Ne possédant pas de clichés de phrases, il s'exprime en dépit de la syntaxe en suivant la succession des idées, en retranchant des mots, etc. Il a alors de l'akataphrasie[1].

En général, la parole du dur d'ouïe est monotone, sans rythme. Le débit est rapide, les articulations sont accentuées, l'ensemble est souvent confus. Très souvent aussi, les durs d'ouïe ont tendance à parler à voix presque basse.

La question des durs d'ouïe est extrêmement importante. A Berlin, on l'a résolue en partie en créant des classes spéciales où sont réunis des enfants trop sourds pour être placés dans un institut de sourds-muets. Dans ces classes, qui comprennent un maximum de 12 élèves, on exerce les enfants à s'aider du sens de la vue pour comprendre la parole d'autrui.

On cherche aussi à développer la perception auditive par des exercices appropriés. On corrige les troubles d'articulation et d'élocution.

Suivant Bezold tous les enfants qui ne peuvent percevoir la voix chuchotée à une distance de 2 mètres doivent être écartés de l'école primaire et placés, selon leur degré de surdité, dans des établissements de sourds-muets ou dans des classes de durs d'ouïe. C'est évidemment l'avis le plus raisonnable, qui s'inspire du premier des principes pédagogiques : l'école doit s'adapter à l'enfant et non l'enfant s'adapter à l'école.

En attendant que l'enfant dur d'ouïe reçoive un enseignement parfaitement approprié à son état, il faut le placer

1. Voir plus loin l'analyse de l'akataphrasie et des dyslalies.

dans les conditions les plus favorables à son développement.

Il sera placé sur un des premiers bancs de la classe. On lui donnera comme voisin un élève intelligent qui pourra au besoin l'aider et lui expliquer ce qu'il a mal compris. On ne lui tiendra pas compte des fautes dues à son état de surdité, tels que mots mal entendus dans la dictée, etc.

BIBLIOGRAPHIE

BEZOLD. — Das Hörvermogen der Taubstummen (Nachträge, I-II, 1896-97, 1900).

BEZOLD. — Die Taubstummheit auf grund Ohrenärztlicher Beobachtungen, 1902.

BOYER (A.). — De la préparation des organes de la parole chez le jeune sourd-muet. Paris, 1894.

BROHMER. — Uber die Verwertung der Gehörreste bei Taubstummen, Kinderfehler, 1903.

DECROLY ET ROUMA. — Les exercices acoustiques chez les sourds-muets. Gand, 1905.

DEMOOR. — Comment faut-il faire l'éducation des sourds-muets. *Journal medic. de Bruxelles,* 14 janv. 1897.

DROUOT. — La première éducation du sourd-muet dans la famille et à l'école primaire. Paris, 1898.

FÉRÉ. — Le traitement pédagogique de la surdité et en particulier de la surdité verbale. *Belg. Médic.*, 1895, t. II, p. 377.

GUEURY ET GRÉGOIRE. — Le Sourd-Muet. Bibl. Gilon.

GUILLAUME. — Conseils aux instituteurs pour combattre la surdité à son début. Reims, 1896.

GUTZMANN. — Von den Verhandlungen der Deutschen Otologischen Gesellschaft in Homburg, 9 und 10 juni 1905. *Monatschr. f. d. ges. Sprachheilk.*, 1905, p. 280.

GOGUILLOT. — Comment on fait parler les sourds-muets. Paris, 1889.

QUERTON. — Peut-on guérir la surdi-mutité. Prophylaxie de la surdi-mutité, *Journal médic. de Bruxelles,* 1901, n°s 44 et 49 ; 1902, n°s 7 et 8.

Saint-Hilaire. — La surdi-mutité, 1900.

Urbantchitch. — Des exercices acoustiques dans la surdi-mutité et dans la surdité acquises. Paris, 1897.

— Il existe des Revues spéciales pour l'éducation des sourds-muets.

CHAPITRE VI

LES DYSLALIES

SOMMAIRE. — *Les dyslalies : A*) Généralités, statistiques. — *B*) Influence des dyslalies sur la marche régulière des études. — *C*) Dyslalies congénitales les plus fréquentes et procédés de correction : *s* et *z* — *ch* et *j* — substitution des muettes aux sonores — *n* — *c*, *k*, *qu* et *g* — *r* — *l* — *t* et *d* — *f* et *v* — symphones. — *D*) dyslalies mécaniques : dyslalies dentales ; dyslalies linguales ; dyslalies nasales. — L'hottentottisme.

A) **Généralités. — Statistiques.**

Les troubles de l'articulation se caractérisant par l'impossibilité d'émettre correctement une consonne déterminée, se nomment *dyslalie*[1] (du grec dys = difficulté et lalein = parole). La consonne rebelle est, suivant le cas, déformée, remplacée par une autre ou tout simplement omise.

L'apparition du langage parlé chez l'enfant ne se fait que lentement et en passant par divers stades de développement.

Dans le premier stade ou *stade du cri*, l'enfant fait vibrer son appareil phonateur. Il ne connaît pas le but du langage, son cri est un mouvement réflexe déterminé par une sensation, laquelle peut puiser son origine dans le monde exté-

1. Certains auteurs se servent du mot *blésité* pour désigner ces troubles. Le mot étant généralement employé dans un sens plus restreint, je préfère adopter le mot *dyslalie*.

rieur (humidité des langes, froid, lumière trop vive, etc.), ou dans l'enfant lui-même (faim, soif, malaise, fatigue, etc.).

Vers la cinquième semaine, apparaît chez l'enfant un besoin intense d'exercice qui trouve son écho dans tous les appareils musculaires de l'enfant. L'appareil de parole prend une large part dans ces mouvements sans but. Beaucoup de sons et articulations sont émis involontairement, par effet du hasard, pendant ce *stade de lallation.*

Peu à peu, l'enfant cherche à reproduire volontairement les sons et articulations qu'il a lui-même émis au hasard ou qu'il a entendu et vu prononcer. Ce stade de l'imitation est extrêmement important au point de vue des troubles de la parole. Les articulations visibles (labiales ou dento-linguales) sont généralement reproduites avec facilité. Au contraire, celles dont la reproduction doit se baser uniquement sur l'impression auditive, s'installent avec peine.

Les mouvements maladroits de l'enfant qui cherche à reproduire un mot entendu, font apparaître tantôt une consonne déformée, tantôt une consonne moins complexe que celle que l'enfant veut émettre ; ou bien encore, ne font rien apparaître du tout.

Ce sont là les dyslalies naturelles qui se retrouvent chez tous les jeunes enfants et qui disparaissent bientôt au fur et à mesure que les organes acquièrent une habileté fonctionnelle plus grande.

Il est cependant encore une condition essentielle pour que ces dyslalies n'aient qu'une souveraineté passagère : il faut que l'enfant continue à vouloir émettre correctement les consonnes rebelles ; or, pour cela, il faut qu'il soit sollicité constamment vers cette émission correcte. Si donc, l'enfant entend continuellement parler avec correction, son centre de Wernicke s'enrichit d'images de mots, correctes, qui prépareront au centre moteur des matériaux précieux, lesquels aideront avec succès à triompher de l'inhabileté fonctionnelle de l'appareil périphérique.

Au contraire, ces troubles s'installeront définitivement et passeront au rang d'habitude et de défaut, si la sollicitation à de nouveaux efforts ne se présente pas ou se présente avec trop de mollesse. Il en sera ainsi notamment si les parents, croyant mieux se mettre à la portée de la compréhension de leur enfant, adoptent et se servent des mots tronqués et déformés, employés par lui.

Il peut aussi se faire que des enfants conservent une articulation défectueuse au delà de la période de développement du langage, parce que leurs parents, leur bonne, leurs frères ou sœurs ont une parole troublée. Des images verbales défectueuses se sont donc gravées très tôt dans le cerveau de ces enfants. Nous avons pu observer ainsi des familles entières de plusieurs enfants présentant tous les mêmes défauts de langage qu'ils avaient acquis de l'un de leurs parents.

L'articulation peut également être troublée parce que le sujet entend mal et qu'ainsi il emmagasine des impressions incomplètes. La substitution des consonnes sonores par leurs correspondantes muettes (*p*, *t*, *k*, *s*, *ch*, *f* par *b*, *d*, *g*, *z*, *j*, *v*) est notamment fréquente chez les durs d'ouïe.

Ces troubles de l'articulation qui puisent leur origine dans la première enfance sont appelés : *dyslalies congénitales*, par opposition aux *dyslalies mécaniques* qui sont le résultat d'une malformation des organes d'articulation.

FRÉQUENCE DES DYSLALIES CHEZ LES ÉCOLIERS. — En 1905, j'examinai les 1.072 enfants de l'école n° 7 de Bruxelles et je découvris 26,1 p. 100 d'écoliers présentant des dyslalies. Une enquête plus générale [1] faite sur 15.848 enfants belges dénonce 10,1 p. 100 de troubles chez les garçons et 5,88 p. 100 chez les filles. Dans cette enquête, sur l'ensemble des garçons de 1re année d'études (2.107) on observe 14,1 p. 100 de cas de dyslalies, alors que chez les garçons de 6e année (sur 794 enfants) on en observe 6,8 p. 100. Sur l'ensemble des filles de 1re année d'études (1.437) on note 8,97 p. 100 de dyslalies et chez les filles de 5e et de 6e année d'études (927) on en relève 2,8 p. 100.

On remarque que les troubles sont beaucoup moins fréquents chez les filles que chez les garçons.

Des enquêtes semblables faites à l'étranger ont produit des résultats sensiblement analogues.

B) Influence des dyslalies sur la marche régulière des études.

Dans l'enquête que je fis en 1905 sur les 1.072 élèves de l'école n° 7 de Bruxelles, je portai mon attention sur l'influence que peuvent avoir les dyslalies sur la marche régulière des études et je découvris :

« Dans les 2es années, fréquentées par des enfants normaux, sur un total de 37 enfants ayant des dyslalies, 25 sont considérés par leur instituteur comme ayant une intelligence moyenne ou supérieure à la moyenne (5 cas), et cependant 21 sont arriérés de 1 à 3 ans dans leurs études. Dans les classes d'enfants normaux du 2e degré, sur un total de 86 enfants ayant des dyslalies, 68 sont indiqués comme ayant une intelligence moyenne ou supérieure à la moyenne, et nous découvrons que 67 enfants

1. Rouma. *Intern. Arch. f. schulhygiene*, 2 Band, 1 et 2 Heft.

sont de 1 à 3 ans trop âgés pour leur classe. Enfin, dans le 3e degré, parmi les 34 enfants ayant des dyslalies, 26 sont cités comme ayant une intelligence au moins moyenne, et 20 enfants sont retardés de 1 à 4 ans, dont 13 dans les 5es années. »

Dans l'enquête générale sur les écoliers belges, je me suis également inquiété de ce point particulièrement intéressant. Pour pouvoir me rendre compte d'une façon bien concluante de l'influence des troubles de la parole sur la marche des études, je m'occupai plus spécialement des enfants présentant au moins deux dyslalies, soit *s* et *ch* (l'association la plus fréquente) ou *s* et la série des consonnes sonores émises comme consonnes muettes, etc.

J'eus des indications précises sur 72 cas de ce genre chez les garçons et 29 cas chez les filles; les voici :

Sur 72 garçons, 59 sont retardés, soit particulièrement en lecture courante (37), soit dans toutes leurs études (46), dont 20 de 1 an, 14 de 2 ans, 5 de 3 ans, 7 de 4 ans et plus.

Parmi les retardés de 1 à 2 ans, beaucoup sont signalés comme « très intelligents ».

Sur les 29 filles, 21 sont retardées, soit en lecture courante (5 cas), soit dans toutes leurs études (20 cas).

Cette arriération s'explique d'ailleurs facilement; en effet, les enfants troublés de la parole étant souvent l'objet de moqueries de leurs condisciples, s'efforcent de ne pas être questionnés pendant les leçons. Ils cherchent à se dissimuler, à se faire oublier. A ce jeu, leur esprit s'engourdit, leur attention se dissémine, la paresse apparaît peu à peu.

D'autre part très souvent ces enfants, faute d'exercice, sont faibles en lecture. Ils sont également faibles en orthographe : l'enfant qui émet *t*, *f*, *p*, *s*, *ch*, *k*, pour *d*, *v*, *b*, *z*, *j*, *g*, ou *s* pour *ch* et *j*, ou *t* pour *k*, confond ces consonnes dans la représentation graphique des mots.

Ainsi donc :

Les troubles de la parole appelés dyslalies sont très fréquents parmi les écoliers. Dans les classes inférieures de certaines écoles ces troubles se remarquent chez plus du quart des enfants.

Les dyslalies sont une cause d'arriération intellectuelle. Un certain nombre d'enfants se débarrassent de leurs troubles au cours des études primaires, mais il reste cependant un pourcent relativement élevé d'enfants quittant l'école et encore affligés de leurs troubles. Or, le Dr Schleissner, dans une enquête faite à Prague (Bohême) sur les écoliers de tous les établissements d'instruction depuis l'école primaire jusqu'à la classe supérieure de l'Université, a découvert que les enfants qui quittent l'école primaire et qui sont affligés d'un trouble de la parole, le conservent dans toute la suite de leurs études et sans aucun doute dans la vie.

Voilà ce que nous apprennent les enquêtes.

D'autre part, nous savons aussi que les troubles de la parole, s'ils sont prononcés, ont une déplorable influence sur le caractère des enfants qui en sont atteints.

J'ai rapporté [1] le cas d'un enfant de cinq ans ne sachant pas articuler les consonnes *s*, *f*, *v* qu'il remplaçait par *p* et *t*. Cet enfant non corrigé à la maison, s'aperçut qu'il ne parlait pas comme les autres quand, allant à l'école, ses condisciples s'amusèrent à ses dépens. Il se fâcha, se battit, mais ne put faire cesser les moqueries. Il finit par ne

1. Communication à la 2e Conférence de la Société Protectrice de l'Enfance Anormale, tenue à Bruxelles, le 23 octobre 1904.

plus vouloir parler que le strict nécessaire et en omettant les mots renfermant une articulation difficile. Depuis, j'ai observé plus d'un cas semblable. Gutzmann cite également des cas analogues observés en Allemagne.

Enfin, nous savons que les troubles de la parole, en général, sont une cause d'infériorité sociale parce que le caractère anti-esthétique dont ils marquent le langage, prête un air ridicule aux personnes qui en sont atteintes. Legouvé raconte dans un de ses ouvrages qu'un acteur chargé de créer un rôle de niais, affecta d'être atteint d'un vice de prononciation. Il eut un succès fou ; jamais on n'avait vu un niais aussi bien réussi.

C) Dyslalies les plus fréquentes et manière de les corriger.

A. — Indications générales

Pour réussir dans la correction des dyslalies, il faut :

a) Déterminer le plus exactement possible la position que prennent les organes d'articulation et la direction du courant d'air sortant pendant l'émission de l'articulation incorrecte.

b) Montrer à l'enfant la position type des organes, en se servant d'un miroir pour faire voir la position des organes visibles extérieurement, et en étudiant les dessins qui accompagnent cette étude.

Voici comment j'ai obtenu les dessins donnant la position de la langue :

J'ai fait prendre une empreinte très exacte de ma cavité buccale, d'après laquelle j'ai fait confectionner un palais artificiel en argent. La plaque d'argent avait été choisie aussi mince que possible.

Je fis photographier l'empreinte en plâtre de ma mâchoire

recouverte du palais artificiel en argent, et je fis décalquer au trait cette photographie un grand nombre de fois. Chacun de ces décalques devait être employé à noter le résultat d'une expérience.

J'enduisis mon palais artificiel d'une teinte rouge s'enlevant facilement à un contact humide, puis je l'ajustai dans ma bouche et articulai une consonne déterminée. Le palais était immédiatement enlevé par un collaborateur et les parties qui accusaient un attouchement de ma langue en laissant apparaître le brillant un métal ou en ayant gardé des traces d'humidité étaient soigneusement inscrites sur un des décalques préparés.

Pour chacune des consonnes étudiées, je fis de multiples essais. Les dessins reproduits dans cet ouvrage ont été exécutés d'après l'ensemble de mes documents et constituent donc une synthèse de ce que les multiples essais ont révélé.

La partie hachée indique les places d'attouchement de la langue.

Le point de départ de cette méthode, qui est beaucoup employée pour les recherches de phonétique, se trouve dans le procédé des enduits colorés appliqués directement sur le palais, procédé imaginé par l'anglais Ookley-Coles (1871). Kingsley (Londres 1882) perfectionna cette méthode en se servant d'un palais artificiel en vulcanite noire sur lequel il étendait une couche d'un enduit formé de craie et d'alcool.

c) Il est bon de s'appuyer sur l'ouïe pour contrôler la valeur des sons émis parce que la position-type n'est pas absolument indispensable pour articuler correctement une consonne.

d) Aussitôt que l'enfant est parvenu à placer ses organes

convenablement et à articuler correctement la consonne rebelle, il faut faire de nombreuses applications : faire articuler des syllabes, des mots, des phrases ; faire répondre à des questions, faire lire des morceaux dont l'enfant a souligné préalablement la lettre difficile partout où elle se présentait.

Si les enfants traités sont très jeunes, il faut imaginer des jeux qui permettront d'exercer l'enfant sans que celui-ci se fatigue ou se rebute (analyse d'images appropriées, loto spécial à images, domino orthophonique, etc.).

e) Toute la journée, à l'école, à la maison, l'enfant doit être surveillé et corrigé, car rien n'est plus difficile que de faire perdre une habitude déjà profondément enracinée.

On constate, en effet, que les enfants que l'on corrige de dyslalies continuent, longtemps encore, à articuler les mots familiers comme par le passé, et qu'ils n'appliquent les conseils reçus que pour les mots nouvellement appris. Cela s'explique aisément si on songe à la force des images verbales acquises les premières et répétées de nombreuses fois, chaque jour, pendant plusieurs années.

f) Il sera parfois nécessaire de soumettre certains organes d'articulation (lèvres, larynx, etc.,) à une gymnastique spéciale, avant de pouvoir corriger les défauts de prononciation (voir chap. VIII).

L'ordre que je donne ci-dessous dans l'analyse des principales dyslalies que l'on observe chez les écoliers, est basé sur la fréquence relative des troubles ; j'ai pu établir cet ordre d'après les documents de l'enquête scolaire belge.

B. — DYSLALIES CONGÉNITALES.

1. Dyslalies de *s* et *z*.

Position-type dans l'émission correcte des consonnes s et z :

a) Lèvres : commissures écartées ;

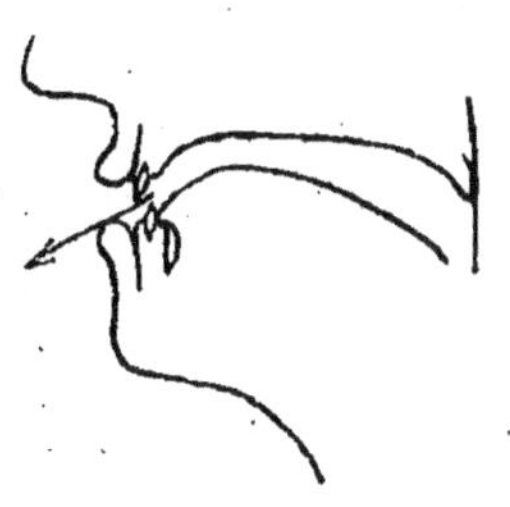

Fig. 7. — Consonnes *s* et *z*.
→ Direction de l'air expiré pendant l'émission de *s* et *z*.

b) Dents : rapprochées fortement, sans se toucher ; incisives inférieures en arrière des incisives supérieures.

c) Langue : bords appuyés contre les molaires et la couronne alvéolaire supérieures, pointe appuyée contre incisives inférieures ;

d) Voile du palais levé ;

e) Le courant d'air passe dans l'étroit passage formé par le palais et le dos de la langue, il s'écrase contre les incisives supérieures, change de direction et sort en sifflant sur le bord de ces dernières.

Dans l'émission de la lettre *z*, il y a, en plus, des vibrations laryngées faciles à sentir en plaçant le dos de la main sur le larynx.

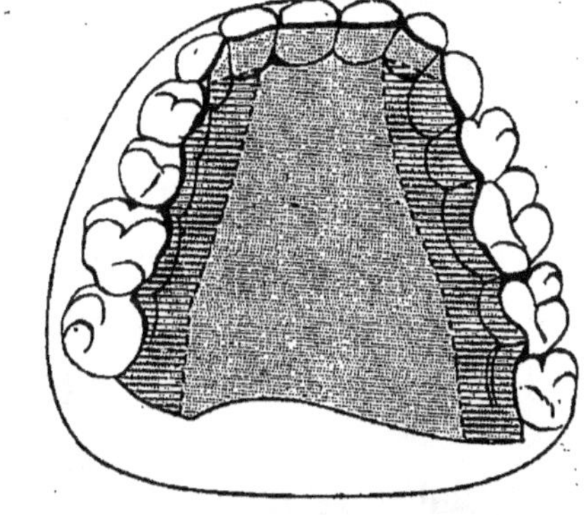

Fig. 8. — Position de la langue dans l'émission de la consonne *s* (*s*... *a*).
N.-B. — La partie hachée indique la trace laissée sur le palais artificiel par le contact de la langue, au moment de l'émission de la consonne.

TROUBLES. — Tout changement dans la position de ces organes peut diminuer la force ou la direction du courant d'air et provoquer une émission défectueuse.

Si la langue s'appuie contre les incisives supérieures ou contre le palais de manière à forcer le courant d'air à s'échapper latéralement, on se trouve en présence d'un trouble appelé *sigmatisme latéral* (clichement, chuitement...).

La langue passe-t-elle entre les dents en chassant largement le courant d'air qui perd ainsi tout son caractère, le défaut s'appelle *sigmatisme frontal* (blèsement, sesseyement, parfois aussi zézaiement).

Enfin le voile du palais est-il abaissé, et l'air au lieu de passer par la bouche pénètre-t-il dans le nez, nous aurons du *sigmatisme nasal* (nasonnement).

Chez beaucoup d'enfants, les consonnes *s* et *z* sont remplacées par d'autres plus faciles à émettre, c'est ce qu'on appelle du *parasigmatisme*. Cette substitution se fait surtout au profit de *ch*, *t*, *c* (*k*), *f*. Un de mes sujets remplaçait *s* par *rt*.

Enfin certains enfants omettent tout simplement les consonnes rebelles.

Pour la correction, s'en rapporter à la position-type décrite plus haut, aux figures et aux *indications générales* données plus haut, Dans le sigmatisme nasal, il faut pincer le nez pour empêcher l'air de s'échapper par cette voie et faire prendre aux organes la position voulue.

2. Dyslalie de *ch* et *j*.

Position-type des organes dans l'émission correcte des consonnes ch et *j*.

a) Lèvres : avancées en entonnoir ;

b) Dents : comme pour *s*, mais un peu plus séparées ;

c) Langue : bords appuyés contre les molaires et la couronne alvéolaire supérieures ; pointe relevée vers le palais mais sans entrer en contact avec celui-ci ;

d) Voile du palais levé ;

e) L'air suit l'étroit canal formé par le palais et le dos de la langue, puis vient s'épanouir et résonner dans la partie antérieure de la bouche pour sortir en nappe. Les lèvres avancées forment un second résonnateur qui amplifie l'intensité de la consonne.

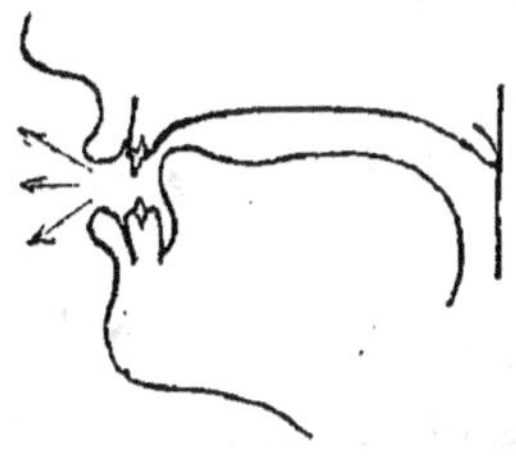

Fig. 9. — Consonnes *ch* et *j*.

Remarque : l'air qui s'échappe de la bouche en formant le *ch* ou le *j* est *chaud* ; l'air qui a formé *s* ou *z* est *froid*.

Dans l'émission de la lettre *j*, il y a en plus des vibrations laryngées.

Troubles. — Les troubles qui se présentent à propos de l'émission de *ch* et *j* correspondent à ceux signalés pour *s* et *z*. Beaucoup d'auteurs même ne séparent pas ces troubles et comprennent sous le nom de *sigmatisme* la prononciation défectueuse des sifflantes *s*, *z*, *ch*, *j*. Si cette association de troubles est fréquente, elle n'est pas générale et il convient de s'occuper séparément de chacun de ces groupes.

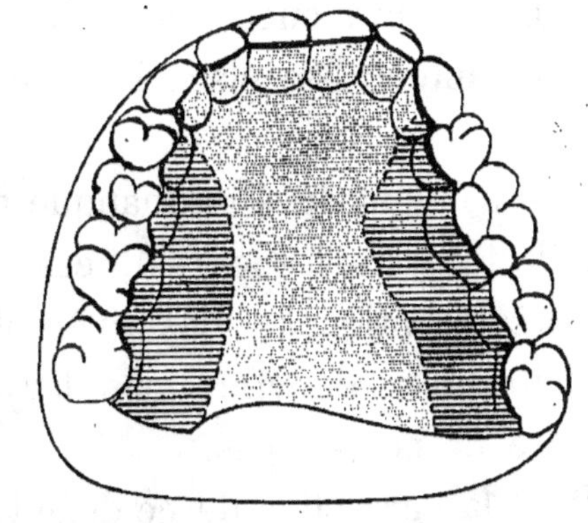

Fig. 10. — Position de la langue pendant l'émission de la consonne *ch*.

Le trouble le plus fréquent est le *chuitisme latéral* appelé aussi chuitement ou clichement et qui se produit lorsque la langue touche au palais et lorsque la voie centrale de l'air étant obstruée, celui-ci s'échappe par l'un des côtés de la bouche ou par tous les deux à la fois.

Le *chuitisme nasal* se produit lorsque l'air, délaissant la voie buccale, passe dans la voie nasale, ce qui a lieu lorsque le voile du palais est abaissé.

La substitution de *ch* et de *j* peut se faire par *s*, *z*, *g*, *f*, *t*.

Pour la correction de ces troubles, se baser sur les figures, la position-type décrite ci-dessus et les *indications générales*.

3. La substitution de toutes ou de certaines consonnes sonores (*b*, *d*, *g* et *v*, *z*, *j*) par leurs correspondantes muettes (*p*, *t*, *k* et *f*, *s*, *ch*) ou réciproquement.

Pour la fréquence, ce défaut (appelé mytacisme par certains auteurs) se place immédiatement après la dyslalie de *s*.

Il est souvent dû à un manque de finesse auditive : à la vue (lecture sur les lèvres), ces articulations sont, à très peu près, identiques ; elles diffèrent en ce que les unes sont accompagnées de vibrations laryngées que l'oreille peu exercée ne perçoit pas.

Dans la correction de ce défaut, le maître fait sentir sur son propre larynx les vibrations qui accompagnent les consonnes sonores et invite son élève à chercher à reproduire ces vibrations. Il faut commencer par les soufflantes et passer ensuite aux explosives.

4. La dyslalie de *n*.

Position-type des organes dans l'émission correcte de la consonne n :

a) Dents : rapprochées ;

b) Langue : appuyée par tout son pourtour contre les alvéoles supérieures ;

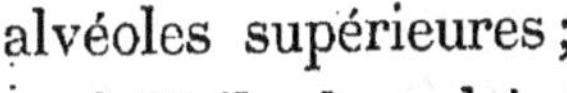

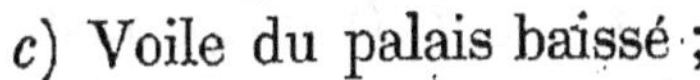

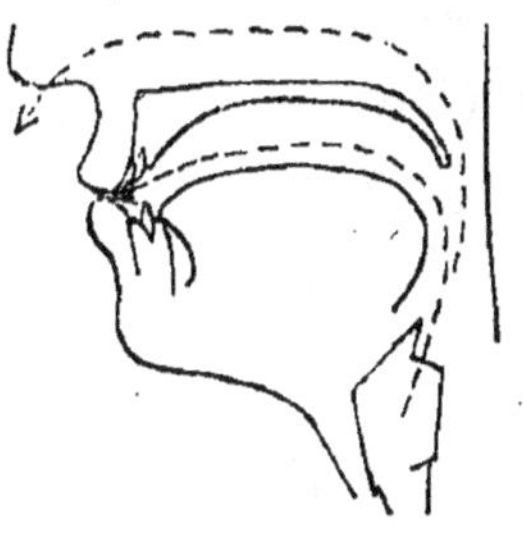

Fig. 11. — Consonne *n*.

c) Voile du palais baissé ;

d) L'air passe par le nez et fait vibrer en passant les ailes de celui-ci ;

Troubles. — Substitution par *m*, *l*, ou omission.

Pour la correction, s'en rapporter à la position-type et aux *indications générales*.

Les dyslalies de *c* (*k qu*) et *g* (gammacisme).

Position-type dans l'émission correcte des consonnes c (*k*, *qu*), *g* :

Le voile du palais est relevé. La base de la langue se relève également et entre en contact avec le voile du palais.

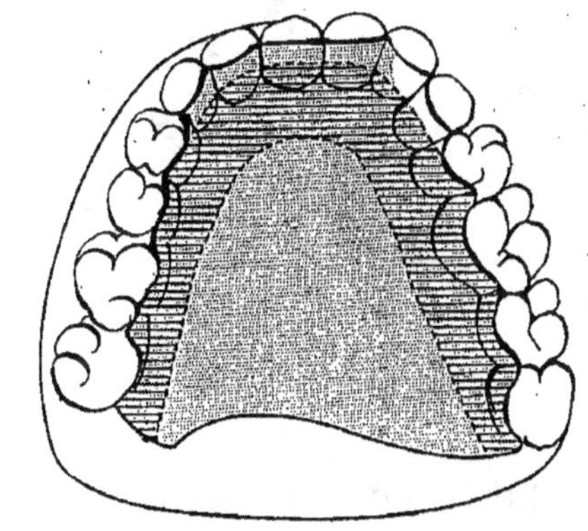

Fig. 12. — Position de la langue dans l'émission de la consonne *n*.

Le passage de l'air est donc complètement obstrué dans la partie postérieure de la cavité buccale.

La base de la langue se détachant, brusquement l'air pénètre avec force dans la bouche, c'est le *c* (*k*, *qu*).

Le *g* est semblable au *c*, mais dans l'émission du *g* il y a, en plus, des vibrations laryngées.

Troubles. — En général, les enfants qui ont des difficultés pour articuler *c* (*k*, *qu*) et *g* substituent à ces consonnes les lettres *t* et *d* (paragammacisme). Ils appuient la pointe de la langue contre le bord inférieur des incisives supérieures et déterminent une explosion en cet endroit.

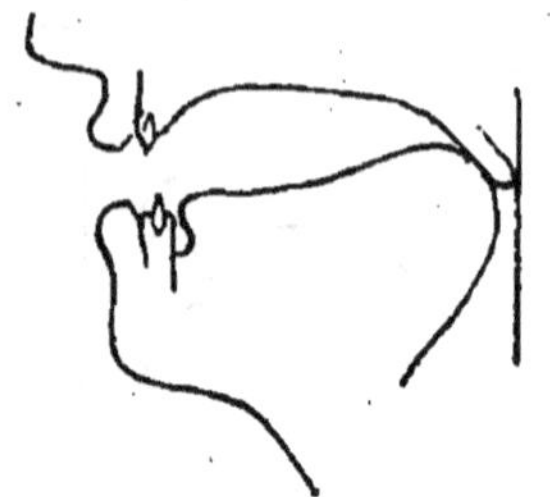

Fig. 13. — Consonnes *k* et *g*.

Pour corriger ce défaut, il suffit d'abaisser la pointe de la langue et de repousser la base de celle-ci au fond de la bouche. Si on maintient la langue dans cette position avec le doigt, le dos d'une cuiller, un crayon, etc., et si on invite l'enfant à articuler un *t*, il donnera un *c*.

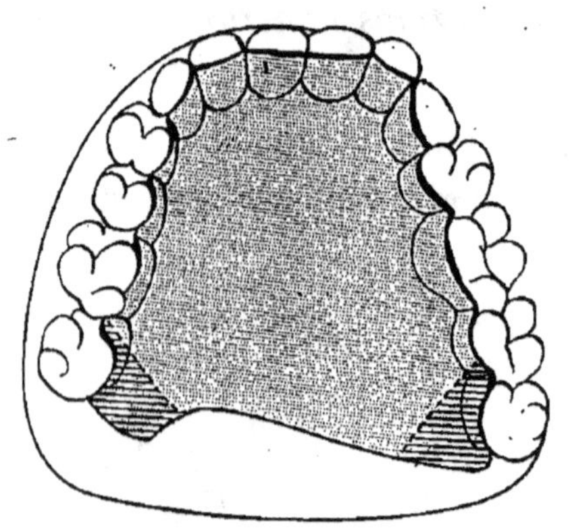

Fig. 14. — Position de la langue pour l'émission de *k* et *g*.

On emploie le même procédé si l'enfant émet *ch*, *r*, *s*, etc., pour *c* (*k*, *qu*) ou *g* ou si ces consonnes sont omises.

6. La dyslalie de *r* (Rhotacisme).

Position-type des organes dans l'émission correcte de la consonne r.

Il y a deux façons de donner la lettre *r*.

On peut obtenir cette consonne en faisant vibrer la pointe de la langue rapidement entre le bord des incisives supérieures et le palais, c'est l'*r lingual* ou *r roulé*.

La plupart des Belges, de même les Parisiens et les Marseillais produisent un *r* en faisant vibrer la luette, c'est l'*r* guttural ou *r* grasseyé.

L'*r* lingual est difficile à obtenir. L'*r* guttural au contraire s'enseigne en faisant sentir à la gorge les vibrations qui se répercutent en cet endroit, ou plus facilement au moyen de gargarismes faits avec de l'eau.

TROUBLES. — Les dyslalies de *r* les plus fréquentes sont la subtitution par *l* et *n*, quelquefois aussi par *t*, *w*, *g*, *ng*, *s*, *ds*, (pararhotacisme).

L'omission de la consonne *r* est fréquent aussi ; ce défaut est parfois appelé *chinoanisme* parce que les habitants du Céleste-Empire ne possèdent pas cette consonne dans leur langue.

Sous le Directoire, les « Incroyables » avaient mis à la mode de parler, et même d'écrire, en omettant partout les *r*. On disait : *pie-es p-écieuses, mou-i de chaguin*, etc., pour pierres précieuses, mourir de chagrin.

7. La dyslalie de *l* (lambdacisme).

Position-type des organes dans l'émission correcte de la consonne l :

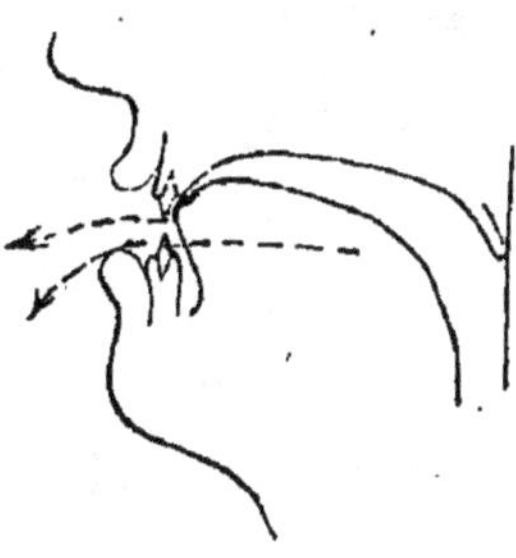

Fig. 15. — Consonne *l*.

a) Dents légèrement écartées ;

b) Langue : la pointe contre les alvéoles des incisives supérieures, la base s'appuyant en arrière contre les alvéoles des dernières grosses molaires ;

c) Voile du palais relevé ;

d) L'air passe dans les vides laissés latéralement entre les dents et les bords de la langue, fait vibrer mollement les bords de celle-ci, vibrations qui se transmettent aux joues.

Troubles. — Très souvent la consonne *n* est substituée à *l* (paralambdacisme). Dans ce cas les bords de la langue s'appuyent sur tout le pourtour des alvéoles supérieurs et l'air passe dans la voie nasale. Pour corriger ce défaut, il faut fermer la voie nasale en pressant les ailes du nez contre la cloison, faire sentir les vibrations des joues et veiller à la position de la langue.

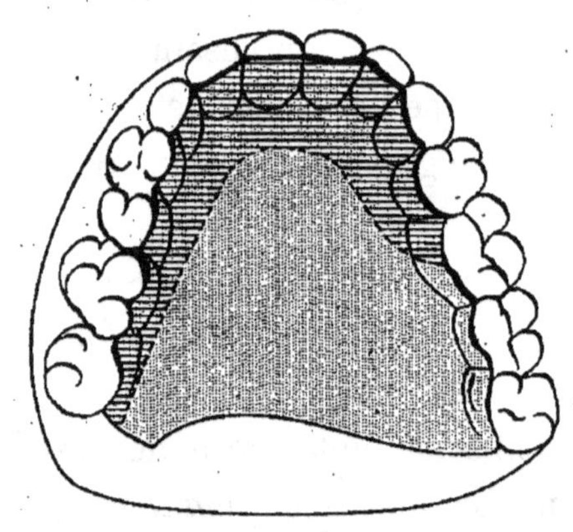

Fig. 16. — Attouchement de la langue (palais et couronne alvéolaire) dans l'émission latérale correcte de la consonne *l* (*l... a*).

On procédera de la même façon si l'enfant dit *gn* au lieu de *l*.

La consonne *l* est quelquefois aussi remplacée par *d, t, s, j, r*.

Pour la correction, étudier les dessins de la position normale et comparer à ceux des articulations qui sont substituées à *l*.

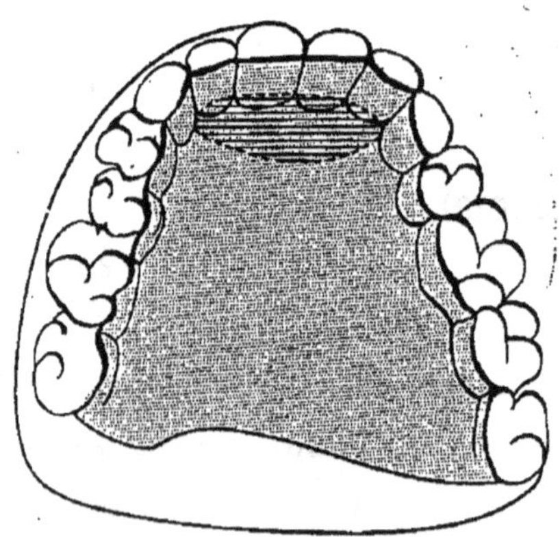

Fig. 17. — Attouchement de la langue, au palais, dans l'émission de la consonne *l* (*elle*).

8. La dyslalie de *t* et *d* (deltacisme).

Position-type des organes dans l'émission correcte des consonnes t et *d* :

a) Lèvres écartées ;

b) Dents rapprochées ;

c) Langue : bords appuyés sur tout le pourtour des alvéoles supérieures ; la pointe contre le bord inférieur des incisives supérieurs ;

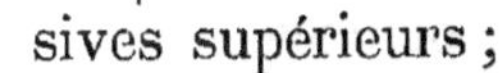

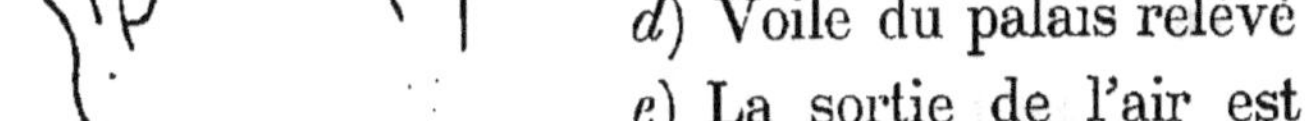

Fig. 18. — Consonnes *t* et *d*.

d) Voile du palais relevé ;

e) La sortie de l'air est empêchée, celui-ci est emprisonné dans une espèce de cul-de-sac formé par le palais et le dos de la langue.

La pointe de la langue se détache brusquement et va se placer derrière les incisives inférieures, laissant ainsi le passage à l'air qui s'échappe en formant l'explosive *t*.

La consonne *d* est en plus accompagnée de vibrations laryngées.

Fig. 19. — Position de la langue dans l'émission des consonnes *t* et *d*.

TROUBLES. — Parfois, déformation due généralement à des défauts de l'appareil mécanique. Le plus souvent omission ou substitution par *r*, *v*... Cette dyslalie est facile à corriger au moyen du miroir, la position des organes étant très visible.

9. La dyslalie de *f* et *v*.

Position-type des organes dans l'émission correcte des consonnes f et v.

a) Lèvre supérieure relevée laissant voir les incisives supérieures; lèvre inférieure appuyée contre les incisives inférieures.

b) Dents très rapprochées, les incisives inférieures placées derrière les supérieures;

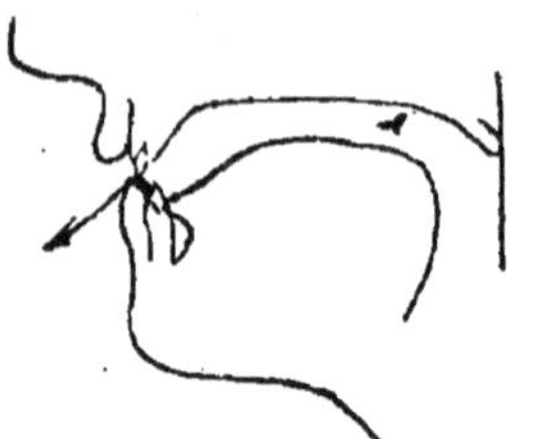

Fig. 20. — Consonnes *f* et *v*.

c) Langue : la base relevée vers le palais, s'appuie en arrière sur les alvéoles des dernières molaires et sur une partie de la voûte palatine; la pointe s'appuie contre les incisives inférieures;

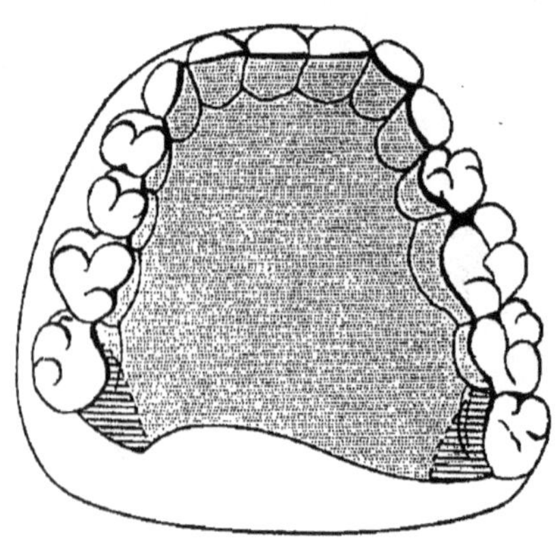

Fig. 21. — Attouchement de la langue (couronne alvéolaire supérieure) dans l'émission de *f*.

d) Voile du palais relevé;

e) L'air s'écoule et siffle en passant entre le bord inférieur des incisives supérieures et la lèvre inférieure.

Le *v* est en outre accompagné de vibrations laryngées.

Troubles. — Substitution par *b*, *s*.

La correction de cette dyslalie est aisée, parce que la position des organes est facile à voir (se servir du miroir).

10. L'émission défectueuse ou l'omission des symphones (*pl*, *pr*, *tl*, *fl*, *fr*, etc.,) se corrige en décomposant l'association et en faisant articuler, séparément à la suite l'une de l'autre, et de plus en plus rapidement, les *consonnes* qui la constituent.

*
* *

D'autres dyslalies congénitales peuvent encore se présenter chez les enfants ; il faudra pour les corriger, déterminer d'abord la position que prennent les organes dans l'élaboration de la consonne défectueuse, la comparer avec la position normale.

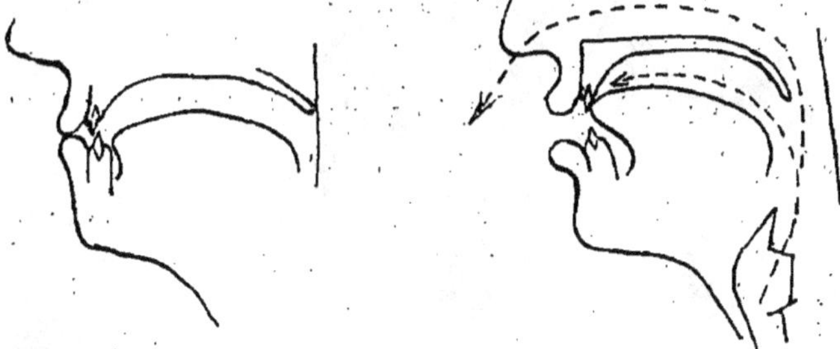

Fig. 22. — Consonnes *p* et *b*. Fig. 23. — Consonne *m*.

Le miroir rendra toujours de très grands services.

C. — Dyslalies mécaniques

1. Anomalies dentaires. — Les anomalies dentaires peuvent exercer les plus fâcheuses conséquences sur la bonne prononciation.

La perte des incisives supérieures nuit particulièrement à l'émission correcte des soufflantes *s* et *z*, *ch* et *j*. La disparition des canines supérieures et des premières molaires peut également amener une déviation du courant d'air sortant et, comme résultat, une déformation des mêmes consonnes soufflantes.

Très souvent des troubles acquis ainsi, à la suite d'anomalies dentaires, persistent même après l'apparition de nou-

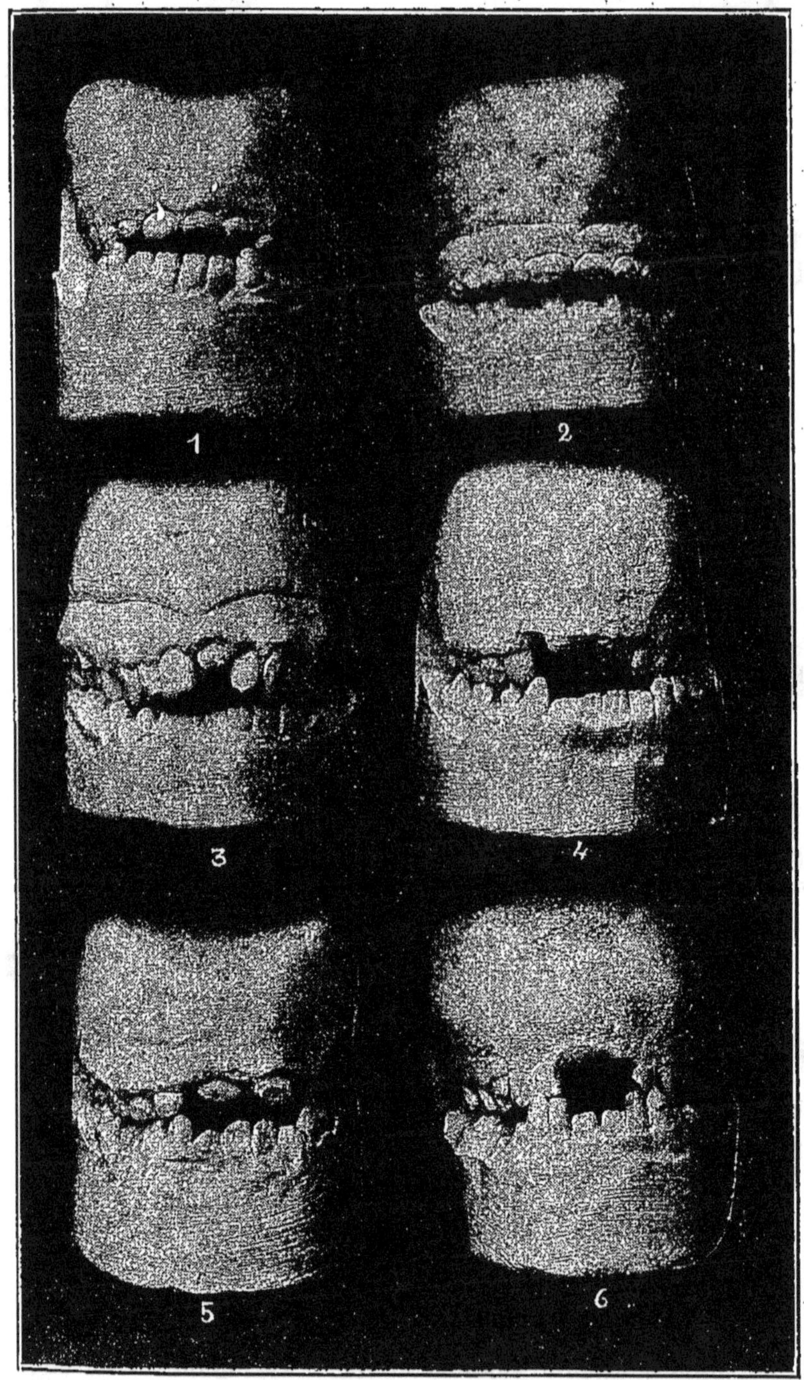

Fig. 24. — Malformations ou déformations de mâchoires d'écoliers, ayant entraîné des dyslalies mécaniques.

1, garçon de 9 ans (normal). — 2, jeune fille de 8 ans et demi (anormale). — 3, jeune fille de 20 ans (policlinique de Bruxelles, service du Dr Decroly) déformation du maxillaire supérieur, due à des végétations adénoïdes conservées depuis l'enfance. Voûte palatine très élevée. — 4, garçon de 7 ans (normal). — 5, garçon de 7 ans (normal). — 6, garçon de 7 ans (normal). Perte des incisives supérieures.

velles dents et demandent un traitement orthophonique. Lorsque la cavité est constituée par la perte d'une seule dent, on arrive très facilement à remédier à cette anomalie en exerçant l'enfant à boucher le vide au moyen de la langue.

La perte des molaires, des canines ou d'une incisive de la mâchoire inférieure, a peu de répercussion sur la bonne prononciation. La chute des deux incisives inférieures centrales peut entraîner du sigmatisme frontal. La pointe de la langue, cherchant en vain son point d'appui, passe entre les dents. La perte d'un plus grand nombre de dents antérieures et voisines peut empêcher la bonne prononciation de *f* et *v*.

Certaines personnes ne peuvent arriver à placer les incisives inférieures derrière les incisives supérieures, d'autres ont les incisives inférieures qui viennent se placer en avant des incisives supérieures (prognatisme de la mâchoire inférieure fig. 25), enfin d'autres encore ne peuvent arriver à réunir leurs incisives et présentent en avant un espace interdentaire plus ou moins considérable (fig. 24).

Ces dispositions défectueuses des mâchoires empêchent la bonne articulation d'un grand nombre de consonnes et notamment des soufflantes.

Une gymnastique appropriée ou le port d'un appareil spécial peut remédier, dans une certaine mesure, au prognatisme. On forcera la mâchoire inférieure à reculer son point d'articulation, on lui fera faire ce que le dentiste appelle « le saut de l'articulation ».

Dans une certaine mesure, on pourra diminuer la cavité interdentaire antérieure présentée par certaines personnes, par des procédés analogues. En reportant la mâchoire

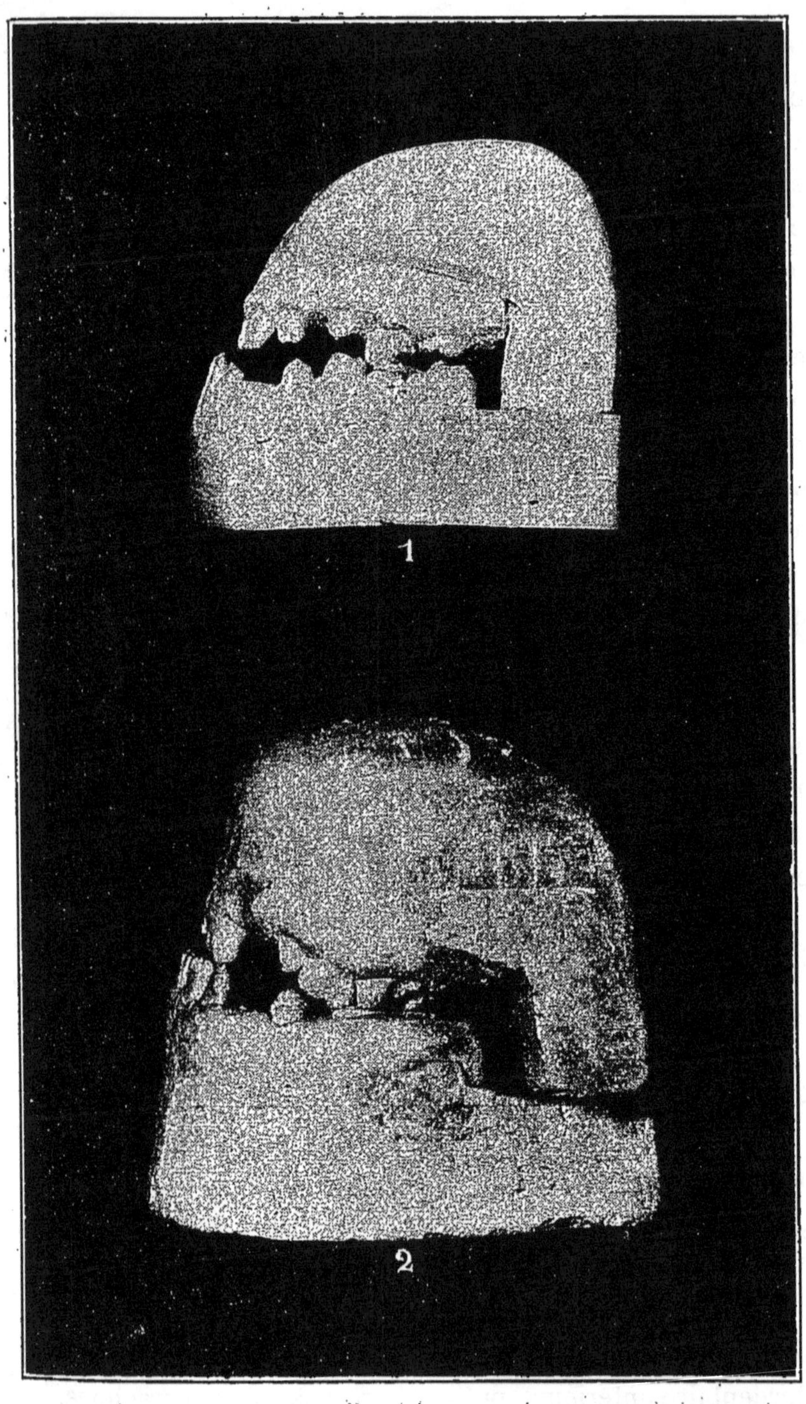

Fig. 25. — Prognatisme du maxillaire inférieur.
1, enfant de 11 ans (anormal). — 2, enfant de 12 ans (arriéré pédagogique).

inférieure un peu en arrière, on arrivera souvent à permettre aux dents antérieures de se rapprocher.

2. Dyslalies labiales. — La paralysie, la faiblesse musculaire ou la division des lèvres, entraînent des dyslalies mécaniques portant sur les consonnes *p*, *b*, *m*, *f*, *v*, *w*.

L'intervention du chirurgien est nécessaire pour les cas de division de la lèvre (bec de lièvre).

Des exercices de gymnastique spéciale (voir chap. VIII), associés à des massages pourront amener une amélioration dans l'état de l'articulation des paralysés et des faibles des muscles. Ils seront exercés à émettre les consonnes labiales en s'aidant de leurs doigts.

3. Dyslalies linguales. — La langue peut être trop paresseuse, trop grosse (hypertrophie), trop petite (atrophie), sectionnée,... et empêcher la bonne émission d'un grand nombre d'articulations, voire de rendre la parole tout à fait incompréhensible.

La gymnastique orthophonique peut être d'un secours utile, notamment pour le manque de mobilité, d'habileté fonctionnelle de la langue.

Un préjugé très répandu attribue la plupart des troubles de la parole à la brièveté du frein de la langue. Très rarement le frein fixe la langue au point de l'empêcher de se mouvoir et, dans ce cas, on s'aperçoit de la chose dès les premiers jours de la naissance de l'enfant ; celui-ci ne parvient pas à têter. Dans le langage, le frein joue un rôle absolument insignifiant, sa section est 99 fois sur 100 tout à fait inutile.

4. Dyslalies nasales ou rhinolalies (nasillement, nasonnement). — L'émission de la plupart des sons et articulations se fait par la voie buccale ; le voile du palais se relève et empêche ainsi l'air de s'égarer et de passer dans le nez. J'ai dit la *plupart* des sons et articulations, en effet, les consonnes *n*, *m*, et *gn* (n mouillé) et les voyelles *an*, *on*, *un*, *in* ne suivent pas la voie générale. Pour elles, le voile du palais s'abaisse et la grosse part du courant d'air s'échappe par le nez dont les ailes vibrent.

Ces phonèmes sont pour cette raison appelés consonnes et voyelles nasales.

Par suite de diverses causes, il peut se faire que le nez soit ouvert, quand il doit être fermé et réciproquement. Il en résulte des troubles d'articulation appelés *rhinolalies*.

1° La voie nasale peut rester ouverte à l'état permanent et donner à tous les sons et articulations une résonnance nasale, c'est la *rhinolalie ouverte*.

La rhinolalie ouverte peut être due aux causes suivantes :

a) Le voile du palais est trop court et n'arrive pas à fermer le pharynx nasal.

Des massages ou une opération suivis d'un traitement orthophonique peuvent amener une sérieuse amélioration.

b) Le palais est perforé (gueule de loup).

Il faut d'abord avoir recours à une opération chirurgicale qui consiste à emprunter une partie des chairs voisines des fissures et de les rabattre sur celles-ci afin de former un nouveau palais. Cette opération se fait généralement vers l'âge de sept ans.

Un Américain, Brophy, a imaginé un nouveau traitement[1] par lequel il rapproche mécaniquement les lèvres des fis-

1. Ce traitement a été exposé au Congrès International dentaire de Paris, 1900.

sures au moyen de fils métalliques qui traversent dans le sens horizonto-transversal, le maxillaire supérieur. Il procède sur de tout jeunes enfants de trois ou quatre mois et prétend arriver à d'excellents résultats.

Ces opérations ayant réussi, il est nécessaire de les faire suivre d'un traitement orthophonique associé à une gymnastique spéciale du voile du palais.

2° La voie nasale peut être obstruée ; elle ne permet plus alors l'émission de *an*, *on*, *in*, *un*, *n*, *m*, *gn* — *m* est donné comme *b*, — *d* est substitué à *n* et *gn*.

Cette obstruction donne encore à toutes les articulations un timbre particulier que l'on retrouve chez les personnes fortement enrhumées du cerveau.

Ce trouble a été appelé *rhinolalie fermée.*

Il peut être dû à une hypertrophie des amygdales, à une adhérence du voile du palais avec la paroi du pharynx, à la présence de végétations adénoïdes ou de polypes, à un gonflement inflammatoire, etc.

Dans tous ces cas, l'intervention du chirurgien est préalable à tout traitement orthophonique.

Une parole défectueuse comme dans les cas de rhinolalie ouverte ou fermée peut se présenter chez un enfant, alors que les voies buccales et nasales sont entièrement libres. Ce langage anormal est acquis alors, par imitation. J'ai observé un petit garçon de six ans qui, ayant des organes bien constitués, parlait cependant comme son frère âgé de huit ans, lequel avait une rhinolalie ouverte causée par des fissures palatines.

NOTE. — Les termes de nasillement et de nasonnement ne correspondent qu'à peu près aux termes de rhinolalies ouverte et fermée. Les auteurs sont d'ailleurs peu d'accord sur la valeur de ces vocables ; la plus grande confusion règne à ce sujet dans l'orthophonie. Assez généralement cependant, lorsque les articulations émises sont simplement nasalisées, on parlera de *nasillement*, tandis qu'on parlera plutôt de *nasonnement* lorsque les articulations seront non seulement nasalisées, mais déformées.

L'HOTTENTOTTISME

L'accumulation des dyslalies chez un seul sujet au point de rendre le langage incompréhensible s'appelle *hottentottisme* ou *langage hottentot*. La description du langage de ce peuple par les premiers explorateurs du Sud africain relate une pauvreté très grande de consonnes.

Des cas d'hottentottisme se rencontrent à l'école primaire, plus souvent chez les arriérés et anormaux que chez les normaux. Mais il ne faudrait pas croire que ce type de langage est un signe d'infériorité intellectuelle. En général, les enfants encore atteints d'hottentottisme vers l'âge de six, sept ou huit ans, sont inférieurs à leurs condisciples du même âge parce qu'ils n'ont guère pu se servir de l'un des plus merveilleux instruments du développement de l'intelligence : la parole.

Un enfant peut avoir un *langage hottentot :*

1° Parce qu'il est abandonné à lui-même, que personne ne s'occupe de développer son langage et qu'ainsi les images verbales perçues et reproduites maladroitement se fixent sous une forme défectueuse. L'enfant n'étant pas sollicité ne fait aucun effort pour une reproduction correcte des mots, les consonnes les plus faciles à émettre, telles que *p* et *t* se présentent à la place de toutes les autres.

2° Parce que l'audition est insuffisante.

3° Parce que des malformations profondes des appareils périphériques de la parole empêchent toute articulation correcte.

4° Parce que les centres bulbaires de l'articulation sont troublés (raideur, paralysie).

5° Par faiblesse des centres moteurs (mollesse) ou des centres de réception (les impressions nouvelles se fixent difficilement).

6° Parce qu'un frère ou une sœur plus âgé avec lequel l'enfant est souvent en relation, présente le même langage.

Traitement. — Le traitement variera évidemment suivant les causes des troubles. En général, à l'école primaire, ce seront des cas se rangeant dans les catégories signalée aux § 1, 2, 5 et 6 ci-dessus, qui se présentent. Pour arriver un résultat, il faut s'occuper à la fois du centre de réception qui est en même temps un centre d'approvisionnement, e du centre moteur. On parlera beaucoup avec l'enfant, len tement, sur un ton suffisamment élevé. On fera reveni souvent les mêmes mots. En même temps, on tentera d'en seigner systématiquement l'articulation. Il faut cependan que cela soit présenté sous une forme agréable, de préfé rence sous forme de jeu. Ne jamais enseigner une articula tion que pour l'appliquer immédiatement dans des mot familiers.

Ces mots seront choisis parmi ceux que l'instituteur fait revenir un nombre considérable de fois dans ses con versations avec l'enfant, pendant les jours précédents ; d cette manière, le centre de Wernicke, bien préparé, a déj excité le centre moteur.

Cette éducation doit se faire systématiquement, chaqu jour, pendant une dizaine de minutes et occasionnellemen toute la journée, pour conserver et affermir les acquisition récentes et préparer de nouvelles acquisitions.

Il faut, pour réussir, que le professeur ait beaucoup de patience et de persévérance et qu'il encourage sans cesse les efforts de son élève.

Dans le cas de malformation des organes périphériques, il y a lieu de chercher à tirer le meilleur parti possible des appareils existants.

Lorsque les muscles sont raides et que par conséquent les mouvements d'articulation sont maladroits, il faut faire une gymnastique spéciale des muscles (voir chap. VIII).

BIBLIOGRAPHIE

BELL. — Principles of Speech and dictionary of sounds. Washington. Volta Bureau, 1900.

FÉRÉ. — Etude physiologique de quelques troubles d'articulation. *Nouv. Iconographie de la Salpêtrière*, 1890, p. 168-176.

GUTZMANN. — Des Kindes Sprache und Sprachfehler, 1894.

GUTZMANN. — Ueber Untersuchung und Behandlung der durch Gaumen oder Zahndefekte entstehenden Sprachstörungen-Mechanische Dyslalieen). *Monatsch. f. d. ges. Sprachheilk.*, 1905, p. 161.

GUTZMANN. — Die Sprachstörungen als Gegenstand des Klinischen Unterricht. *Monatsch. f. d. ges. Sprachheilk.*, 1905, p. 1 (avec import. not. bibliogr.).

HEITMÜLLER. — Angeborene Gaumenspalten und die mit der operativen und prothetischen Behandlung derselben erzielten sprachlichen Erfolgen. *Monatsch. f. d. ges. Sprachheilk.*, 1904, p. 247.

HELLIER DE LEEDS. — La prononciation défectueuse de la consonne *R. La Voix.* Paris, 1899, p. 38.

HERLIN (A.). — Éléments d'orthophonie. Défauts d'articulation. Berchem Sainte-Agathe, Belgique, 1906.

KUSSMAUL. — Les troubles de la parole. Paris, 1885.

LIEBMANN. — Vorlesungen über Sprachstörungen. Berlin, 1898-1900.

RAUGÉ (P.). — Les fosses nasales dans la phonation. *Ann. des maladies de l'oreille et du larynx.* Paris, 1894, p. 254.

RIGAL. — Contribution à l'étude des nasales. *La Parole,* 1901, XI, p. 556-565.

ROUSSELOT. — Principes de phonétique expérimentale. Paris, 1899.

TALBERT (F.). — L'influence de la blésité sur la formation et la prononciation du français. *La Voix parlée et chantée.* 1897, n°s 87 et 88.

ZUND-BURGUET. — Exploration des organes de la parole. *Arch. intern. de Laryngologie.* Paris, 1895.

ZUND-BURGUET. — Défauts de prononciation et anomalies de dentition. *Revue de Stomatologie,* n° 10, 1901.

ZUND-BURGUET. — De la valeur comparative des procédés médicaux et chirurgicaux et des exercices orthophoniques dans le traitement de certains vices de prononciation. *La Parole,* 1901, XI, 257-266.

ZUND-BURGUET. — Etude physiologique et pratique sur les troubles externes ou mécaniques de la parole. *Arch. internat. de Laryngologie,* 1904-5.

CHAPITRE VII

LE BÉGAIEMENT

Sommaire. — I. *Le bégaiement : A*) Étiologie. — *B*) Statistique. — *C*) Symptomatologie et pathogénie. — *D*) Traitement.
II. *Le bredouillement.*
III. *L'achoppement syllabique.*

A) **Étiologie.**

Les causes qui peuvent provoquer l'apparition du bégaiement chez un enfant sont multiples :

a) Les émotions violentes, les grandes frayeurs (Decroly et Rouma 20 p. 100).

b) La contamination psychique, c'est-à-dire l'imitation des mouvements incoordonnés de la parole d'un condisciple bègue (Gutzmann 9,5 p. 100, Decroly et Rouma 9 p. 100).

c) A la suite de lésions sur la tête (Gutzmann 14 p. 100).

d) A la suite de maladies infectieuses (Gutzmann 10,2 p. 100).

e) A la suite de la coqueluche (Decroly et Rouma 4 p. 100).

f) Sans cause connue (Gutzmann 26,7 p. 100. Decroly et Rouma 20 p. 100).

Il importe d'attirer l'attention sur une cause provoquant le mal, qui échappe généralement à la perspicacité des mamans, et qui leur fait dire que le bégaiement s'est installé sans cause :

Si dans l'évolution de l'enfant de deux à quatre ans, il se produit un manque d'équilibre entre le développement de l'intelligence et celui de la parole, le bégaiement peut s'installer. L'enfant veut communiquer les impressions qui se pressent dans sa petite tête, mais il ne trouve pas le mot exact, il en émet un autre, sent qu'il se fait mal comprendre, hésite, recommence. L'entourage de l'enfant est amusé, celui-ci s'aperçoit qu'on rit de lui, sa confiance en son langage en est diminuée, les hésitations se renouvellent chaque jour plus fréquentes, le bégaiement s'ancre, se développe, finit par alarmer. On riait de l'enfant, maintenant on le gronde, on le punit ; ce qui a pour résultat le plus certain d'aggraver le mal en ajoutant un motif nouveau pour provoquer la peur de parler.

Le bégaiement a été rapproché des tics et des crampes fonctionnelles à plusieurs reprises, notamment par Decroly[1] et par Bonnet. Ces affections ont des liens de parenté très étendus. Elles coexistent souvent chez le même individu. Bonnet, dans son ouvrage[2], a essayé de démontrer que le bégaiement n'est ni un tic, ni une crampe fonctionnelle mais qu'il participe à la fois aux caractères de ces deux affections. Le bégaiement, ajoute encore cet auteur, mérite de garder dans le cadre nosologique son autonomie, car il forme une espèce morbide distincte en clinique et constitue une « entité morbide ».

Dans la grande majorité des cas (Gutzmann 64,8 p. 100), le bégaiement apparaît vers l'âge de trois ou quatre ans, alors que le développement de la parole n'est pas encore complet. En général, les troubles sont limités alors à des répétitions, de petits arrêts. Les parents n'y prennent

1. Société belge de Neurologie. Séance du 31 mars 1906.

2. Voir Bibliographie.

garde et sont assurés que ces hésitations ne sont que momentanées, qu'elles disparaîtront au fur et à mesure que l'enfant grandira. Cela est vrai quelquefois, mais presque toujours le bégaiement s'aggrave avec l'âge.

L'enquête scolaire belge, 1905, a apporté à ce sujet des documents extrêmement intéressants que je reproduis ci-dessous :

« Classant les bègues par degrés d'intensité de leurs troubles et suivant leur âge, j'obtiens :

1° Pour les garçons, sur 155 cas :

a) 32 cas légèrement atteints, dont 13 enfants de 6 à 8 ans, 9 enfants de 8 à 10 ans, 6 entants de 10 à 12 ans et 4 enfants de 12 à 15 ans.

b) 28 cas troublés par intermittence, parmi lesquels 3 enfants ont de 6 à 8 ans, 10 enfants de 8 à 10 ans, 8 enfants de 10 à 12 ans, et 7 enfants de 12 à 15 ans.

c) 24 cas gravement atteints, parmi lesquels 2 enfants ont de 6 à 8 ans, 6 enfants de 8 à 10 ans, 8 enfants de 10 à 12 ans, 8 enfants de 12 à 15 ans.

d) 71 cas ne fournissent aucune indication sur le degré d'intensité du bégaiement, parmi lesquels 48 cas sont renseignés avec l'âge; ce sont : 5 enfants de 6 à 8 ans, 13 enfants de 8 à 10 ans, 17 enfants de 10 à 12 ans, 13 enfants de 12 à 15 ans.

2° Pour les filles, sur 46 cas :

a) 13 cas, légèrement atteintes, dont 2 entants de 6 à 8 ans, 5 enfants de 8 à 10 ans, 4 enfants de 10 à 12 ans, 2 enfants de 12 à 14 ans.

b) 5 cas, troublées par intermittences, parmi lesquelles 1 enfant de 6 à 8 ans, 2 enfants de 8 à 10 ans, 2 enfants de 10 à 12 ans.

c) 12 cas, gravement atteintes, parmi lesquelles 1 enfant

de 6 à 8 ans, 2 enfants de 8 à 10 ans, 3 enfants de 10 à 12 ans, 6 enfants de 12 à 15 ans.

d) 16 cas ne fournissent pas d'indication sur le degré d'intensité du trouble, ce sont 2 filles de 6 à 8 ans, 3 filles de 8 à 10 ans, 7 filles de 10 à 12 ans et 4 filles de 12 à 15 ans.

En rapprochant ces différents chiffres, on constate que les bégaiements les plus sérieux se trouvent surtout chez les enfants les plus âgés, les bégaiements légers étant plus nombreux chez les enfants de 6 à 10 ans. »

Le bégaiement s'aggrave donc pendant la période de fréquentation scolaire.

Le graphique (fig. 26) que nous extrayons du même travail résume lumineusement tous ces chiffres. Il est particulièrement instructif de voir que la ligne *C* marquant le pourcent de bègues gravement atteints, croît régulièrement des groupes d'enfants jeunes aux plus âgés, tandis que la ligne *A* qui signale les bègues légèrement atteints subit des fluctuations exactement contraires. Les mêmes constatations peuvent être faites sur la partie du graphique relative aux filles.

Un autre fait intéressant : dans les enquêtes scolaires sur les troubles de la parole faites en Allemagne, en Bohême (Prague), en Belgique, on a observé qu'il y avait plus de bègues dans les divisions supérieures que dans les divisions inférieures. La proportion varie du simple au double ou au triple.

Et je dis plus haut que le bégaiement s'installe en général vers l'âge de 3 ou 4 ans... Il semble qu'il y a là contradiction. Je crois pouvoir expliquer cette contradiction qui n'est qu'apparente, en disant que beaucoup de bègues fréquentant les divisions inférieures passent ina-

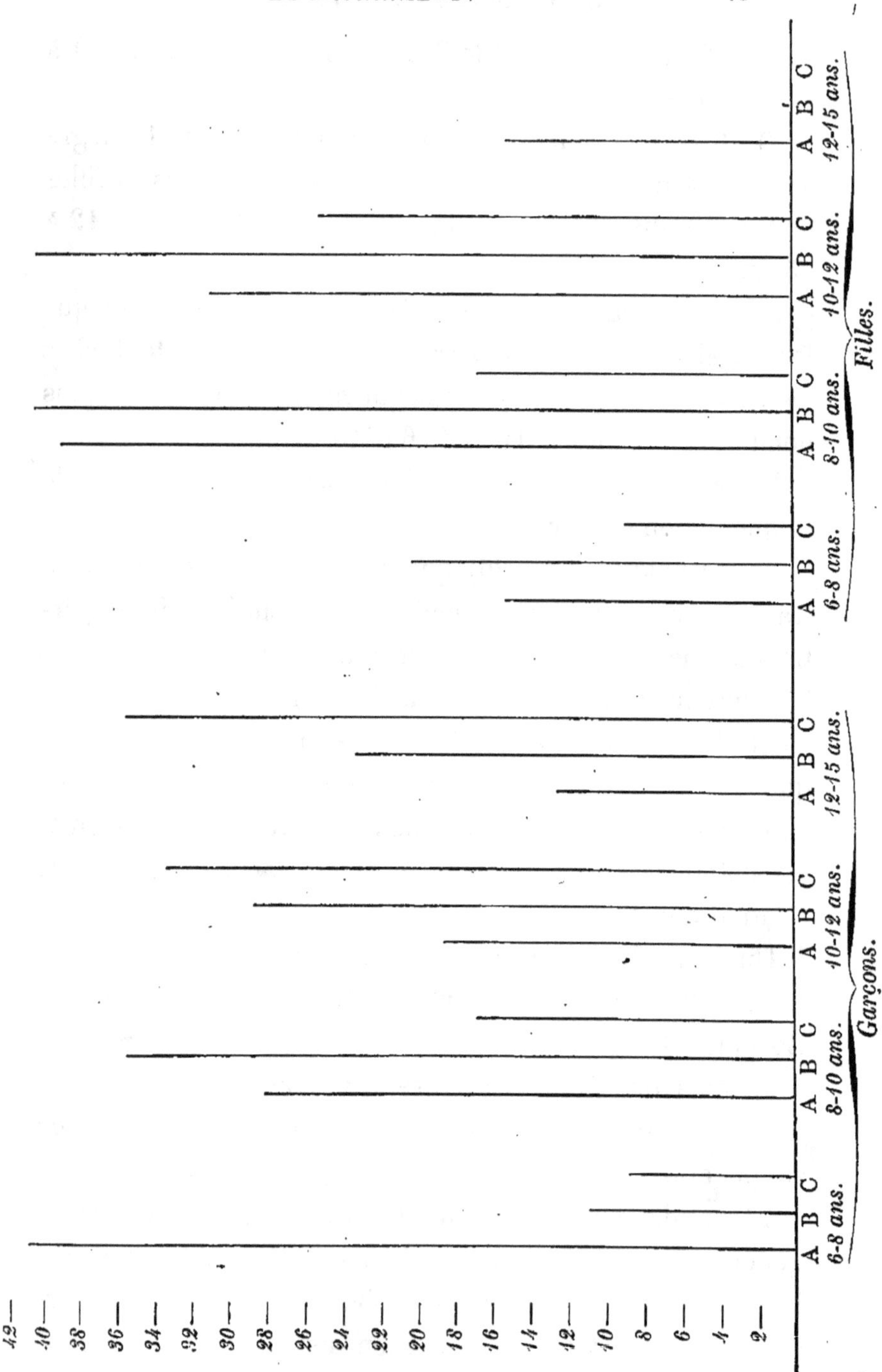

Fig. 26. — Graphique montrant que le bégaiement s'aggrave pendant le cours de la fréquentation scolaire (avec l'âge).

A, pourcent de bégaiements faibles ou légers. — B, pourcent de bégaiements intermittents. — C, pourcent de bégaiements graves ou prononcés.

(Document fourni par l'Enquête scolaire sur les écoliers belges, 1905.)

perçus parce que leur défaut est intermittent et peu prononcé. Ce n'est guère que lorsque le trouble s'est développé, que par conséquent l'enfant est devenu plus âgé et se trouve dans une division plus élevée, que le maître s'aperçoit un jour que la parole de son élève n'est pas normale.

Cette manière de voir se trouve confirmée en ce que j'ai moi-même découvert dans une seule classe, une première année d'études, deux cas de bégaiement dont ni l'instituteur de la classe ni les élèves ne se doutaient. Chez l'un, le trouble consistait en une répétition assez fréquente des syllabes et des mots; comme il parlait vite et sans arrêts, son langage était très compréhensible. L'autre avait une crampe du diaphragme très nette, chaque fois qu'il voulait commencer à parler. Il restait pendant plusieurs secondes sans pouvoir commencer. Le visage restait absolument impassible. Extérieurement, rien ne pouvait faire supposer que l'enfant s'efforçait de pouvoir parler, mais, débarrassé de ses vêtements, on pouvait suivre les efforts successifs, par les mouvements anormaux et saccadés du ventre annonçant des crampes du diaphragme. Après plusieurs tentatives cet enfant arrivait à rompre la résistance, la première consonne était quelque peu prolongée et la phrase était émise correctement. L'instituteur de la classe qui avait observé cette lenteur à répondre aux questions posées déclarait cet élève atteint de *paresse d'esprit*.

Quelles pourraient être les raisons de cette aggravation du mal au cours du développement général de l'enfant ?

A mon sens, il y a d'abord ce qu'on pourrait appeler la raison mécanique.

L'enfant bégayant est sollicité à bégayer encore. Les

images de parole hésitante, répétées parce qu'elles sont anormales, extraordinaires, forment dans le cerveau des empreintes profondes. C'est pour la même raison que les enfants ne manquent pas de simuler le bégaiement s'ils ont des camarades bègues, et les impressions sont tellement vives que, très souvent, des enfants ayant imité par jeu leurs condisciples, ne parviennent plus à parler qu'en bégayant.

Mais il y a surtout la raison émotionnelle.

Au fur et à mesure que les facultés intellectuelles se développent chez l'enfant, la conscience de sa personnalité apparaît. Les mouvements d'impatience, les réprimandes, les moqueries de son entourage qui, au début, ne le touchaient pas, l'affectent vivement. Il n'aime plus à parler. Sa confiance en soi diminue chaque jour, il commence à sentir qu'il est inférieur à ses condisciples, son caractère se transforme, il finit par avoir peur de parler. Son langage se ressent évidemment de toutes ces fluctuations et, reflétant fidèlement son état d'âme, semble donner entièrement raison à ses pensées pessimistes ; aussi, à partir du moment où la *raison émotionnelle* entre en jeu, le bégaiement s'aggrave très rapidement.

Le bégaiement constitue une cause sérieuse d'arriération et de déformation du caractère.

Il ressort des documents fournis par l'enquête scolaire belge que 75 p. 100 des garçons et 85 p. 100 des filles atteints de bégaiement sont retardés, soit particulièrement en lecture courante, soit de 1 à 4 ans dans toutes leurs études en général (50 p. 100 et 55 p. 100).

Or, le bégaiement est indépendant de l'intelligence. Beaucoup de sujets retardés sont signalés d'ailleurs comme étant très intelligents.

Gutzmann, à Berlin, avait déjà fait des constatations semblables. Il affirmait que tous les bègues sérieusement atteints étaient retardés en lecture courante et, en moyenne de deux années, dans leurs études en général.

L'influence du bégaiement sur l'état moral d'un enfant peut être considérable. Amman, Schulthess, Gutzmann, Decroly et Rouma, etc., ont décrit des cas de mutisme volontaire chez des enfants atteints de bégaiement.

Les sarcasmes et les quolibets que ne leur épargnent pas leurs peu charitables condisciples, amènent certains enfants bègues à refuser systématiquement de se rendre à l'école. Les parents ne peuvent se décider à les y envoyer de force, — telle est du moins la raison que m'ont donnée des mamans d'enfants bègues de 12, 13, 14 ans, totalement illettrés. En Néerlande, le bégaiement constitue un cas d'exemption à l'obligation scolaire.

La souffrance morale du bègue n'est pas sans porter atteinte à sa mentalité, comme bien on pense. Généralement il fuit les camarades, devient maussade, susceptible. A l'école il évite d'être questionné, s'efforce de passer inaperçu, il apprend mal. Son insociabilité le rend désagréable à tout le monde. Il double et triple ses classes. Les parents se désolent, accusent leur enfant de paresse, de mauvais vouloir.

Nous avons eu un jour la visite d'une mère qui nous disait que c'était par *pure méchanceté* que son fils bégayait, *puisque, quand il est seul dans sa chambre, il parle à lui tout seul et ne fait jamais de fautes.*

Et c'est bien là ce qu'il y a de plus déprimant dans le bégaiement. Le bègue dit, en général, tout ce qu'il lui plaît avec facilité, *quand il est seul.* Il possède un organe dont il ne peut se servir que lorsqu'il n'en a pas besoin.

Souvent le pauvre petit bègue est pris en aversion dans son milieu, il est sevré de toutes démonstrations sympathiques, il doit subir tous les sarcasmes, il devient un souffre-douleur.

Jeune homme, sa situation n'est guère améliorée. Il est refusé dans les bureaux, les magasins, les ateliers où il se présente. Si cependant, grâce à des recommandations, il arrive à se caser, il doit subir la verve ironique de ses collègues, qui trouveront particulièrement amusant ses efforts infructueux et aimeront à contrefaire ses phrases malhabiles. De jeunes apprentis bègues nous ont rapporté que les ouvriers de leur atelier s'amusaient à leur faire exprimer des mots difficiles et riaient ensuite généreusement de leurs essais maladroits. S'ils ne s'exécutaient pas, ils étaient battus.

La sensibilité du bègue s'exaspère en général par le fait de l'isolement dans lequel il se trouve, par les humiliations qu'il subit, par le fait aussi qu'il n'est pas compris. Les bègues se croient les plus malheureux des hommes. On les entend dire qu'ils voudraient troquer leur sort contre celui du manchot, du muet ou de l'aveugle.

Hérédité. — On découvre très souvent chez les bègues une hérédité chargée, aux points de vue nerveux et troubles du langage.

Decroly et Rouma ont pu noter l'existence du bégaiement dans la famille, dans près de 50 p. 100 des cas de la Policlinique de Bruxelles : Hérédité directe (père ou mère bégayant) 10 p. 100. Hérédité directe ou indirecte 14 p. 100. Hérédité collatérale (oncle, tante, etc.) 24 p. 100.

Gutzmann, sur 300 cas de sa Policlinique à Berlin, note 24 fois un père bègue, 18 fois une mère bègue, 1 fois le père et la mère; 114 fois le bégaiement existait parmi les parents plus ou moins éloignés.

Divers auteurs considèrent le bégaiement comme symptôme de dégénérescence. Oltuzewsky, sur 889 bègues observés à Varsovie note de l'hérédité pathologique dans 508 cas, dont 286 cas d'hérédité directe et 222 cas d'hérédité plus ou moins éloignée.

L'importance des données statistiques se rapportant à l'hérédité des bègues nous permet d'affirmer que si le bégaiement est réellement provoqué par l'une des causes immédiates citées au début de ce chapitre, il ne s'installe cependant que là où il trouve un terrain préparé : charges héréditaires, débilité, nervosisme.

B) **Statistiques du bégaiement.**

Enquête des instituteurs allemands en 1886 (155.000 enfants) : 1 p. 100.

Schellenberg à Wiesbaden (9.312 enfants) : 1,4 p. 100.

Schleissner à Prague en 1904 (6.000 enfants) :

Ecoles primaires : 1 p. 100 chez les garçons ; 0,4 p. 100 chez les filles.

Ecoles moyennes : 2,5 p. 100 chez les garçons ; 1,6 p. 100 chez les filles.

Enquête de la Société « 'S Gravenhage II » à La Haye en 1905 (20.252 enfants) 1,5 p. 100 chez les garçons ; 0,2 p. 100 chez les filles.

Enquête scolaire belge (Rouma, 1905) : 15.848 enfants :

Garçons : 1,69 p. 100 (0,8 p. 100 en première année d'études.
2,3 p. 100 en sixième année d'études).

Filles : 0,88 p. 100 (0,55 p. 100 en première année d'études.
1,29 p. 100 en cinquième et sixième année d'études).

Rouma : Ecole n° 7 de Bruxelles 1905 (1.072 enfants) : 1,2 p. 100.
(0,51 p. 100 en première année d'études)
(2,9 p. 100 en sixième année d'études).

En admettant le chiffre minimum, soit 1 p. 100, cela

ferait pour la Belgique environ 8 600 écoliers [1] souffrant du bégaiement. Si l'on tient compte du nombre de bègues qui ne fréquentent aucune école parce qu'il ne veulent pas s'exposer aux moqueries des condisciples, et si en plus, on applique la proportion de 1 p. 100 à la population en âge d'école, courant les rues, on admettra facilement qu'il y a, en Belgique, 10 000 enfants de 6 à 14 ans souffrant du bégaiement.

Remarque intéressante : en comparant les chiffres donnés ci-dessus, on observe que le pourcent de bègues chez les filles est de beaucoup inférieur au pourcent de bègues chez les garçons.

C) Symptomatologie et pathogénie.

Les fonctions physiologiques de la respiration, de la mastication, de la préhension labiale s'effectuent normalement chez le bègue. Des troubles intermittents se présentent dans les appareils de respiration, de phonation et d'articulation, à propos de l'émission de la parole articulée.

A) Appareil phonateur. — Au point de vue anatomique l'appareil phonateur du bègue est normal.

Au point de vue fonctionnel, il n'en est pas de même. Les cordes vocales peuvent être frappées de crampe *tonique* (qui augmente la résistance). Si la crampe se présente lorsque les cordes vocales sont rapprochées, le sujet éprouve souvent une sensation de constriction à la gorge (« ma gorge me serre » déclare un bègue). Le passage de l'air est interrompu, une véritable asphyxie apparaît

1. Au 31 décembre 1904 il y avait en Belgique 859.436 enfants fréquentant les écoles soumises à l'inspection de l'Etat.

qui cesse bientôt par deux ou trois grands appels d'air. Une crampe tonique peut entreprendre les cordes vocales lorsque la glotte est ouverte. L'air s'échappe alors silencieusement sans que le bègue puisse arriver à émettre un son. Enfin il arrive que les cordes vocales sont animées de mouvements convulsifs, de crampes cloniques qui peuvent se manifester au début ou au milieu de mots ou de phrases.

Fig. 27. — Bégaiement. — Crampe clonique des cordes vocales : à... à... à... liboron.

Suivant que la fonction phonatrice est plus ou moins troublée, l'émission correcte des voyelles est plus ou moins compromise.

B) Appareil articulateur. — Au point de vue anatomique, l'appareil articulateur du bègue présente plus fréquemment des anomalies que celui de l'écolier normal.

Les végétations adénoïdes sont fréquentes chez les bègues : Gutzmann en découvre 30 à 40 p. 100, Biaggi

20 p. 100, Kafemann 46 p. 100, Schellenberg 50 p. 100, Winckler 30 p. 100, alors que chez les enfants normaux la proportion varie de 10 à 20 p. 100.

Les auteurs ont relevé assez fréquemment de l'hypertrophie des amygdales, une déviation de la langue, l'implantation vicieuse des dents, etc... Aucune de ces anomalies ne se trouve chez tous les bègues. Il est cependant très intéressant de constater leur fréquence parce qu'elles sont à regarder comme des stigmates de dégénérescence.

Fig. 28. — Bégaiement. — Type de crampe tonique entreprenant les organes d'articulation au moment de l'émission de la consonne *s*.

La fonction de l'appareil articulateur peut être fortement troublée :

Une crampe tonique peut entreprendre les lèvres au moment de l'émission du *m*, du *b* ou du *p*. Les lèvres restent alors soudées l'une à l'autre, tous les efforts du bègue ne font qu'augmenter la résistance. Une crampe tonique peut fixer la langue dans une position déterminée, soit la pointe contre les incisives supérieures (*t*, *d*, *n*) soit la base contre le voile du palais (*k*, *g*) et empêcher l'association avec la voyelle qui suit. La crampe tonique se justifie surtout à propos de l'émission des explosives, mais elle se présente aussi dans la formation des soufflantes. Les organes se placent alors dans la position voulue, l'air s'échappe, la consonne est émise, mais il est totalement impossible au bègue de passer à une position nouvelle. Il laissera échapper tout l'air renfermé dans ses poumons, puis les remplira par une profonde inspiration et recommencera à « filer » sa consonne.

Dans le cas de crampe tonique, l'impulsion motrice centrale se heurte impuissante à la résistance des muscles. Mais il peut se faire que la force de l'impulsion centrale soit à peu près équivalente à la force de la résistance ; il s'ensuit une véritable lutte, dont les phases sont faciles à suivre : la résistance cède, la consonne est émise, mais aussitôt la crampe se reproduit, d'où nouvel effort, nouvelle rupture de la résistance, etc... Le résultat au point de vue du langage est une répétition plus ou moins rapide et plus ou moins fréquente de la consonne difficile. Ces crampes cloniques se présentent surtout à l'occasion des explosives labiales et dento-linguales.

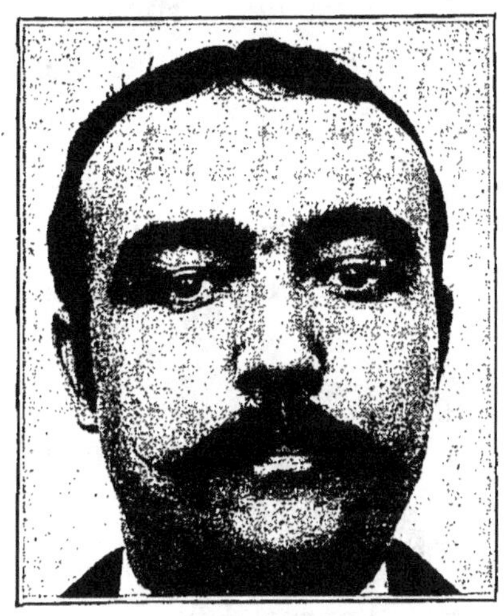

Fig. 29. — Bégaiement. — Type de crampe tonique entreprenant les organes d'articulation au moment de l'émission de la consonne *p*.

Le bègue à crampe tonique reste butté à l'articulation (b---at---eau = bateau). Le bègue à crampe clonique répète l'articulation (b-b-b-b-a-t-t-t-t-eau = bateau).

La violence des crampes peut provoquer chez le bègue des mouvements associés qui se localisent dans la tête, les muscles de la face, le bras, la jambe, ou peut entreprendre tout un côté du corps.

Dans les crampes cloniques, les mouvements associés

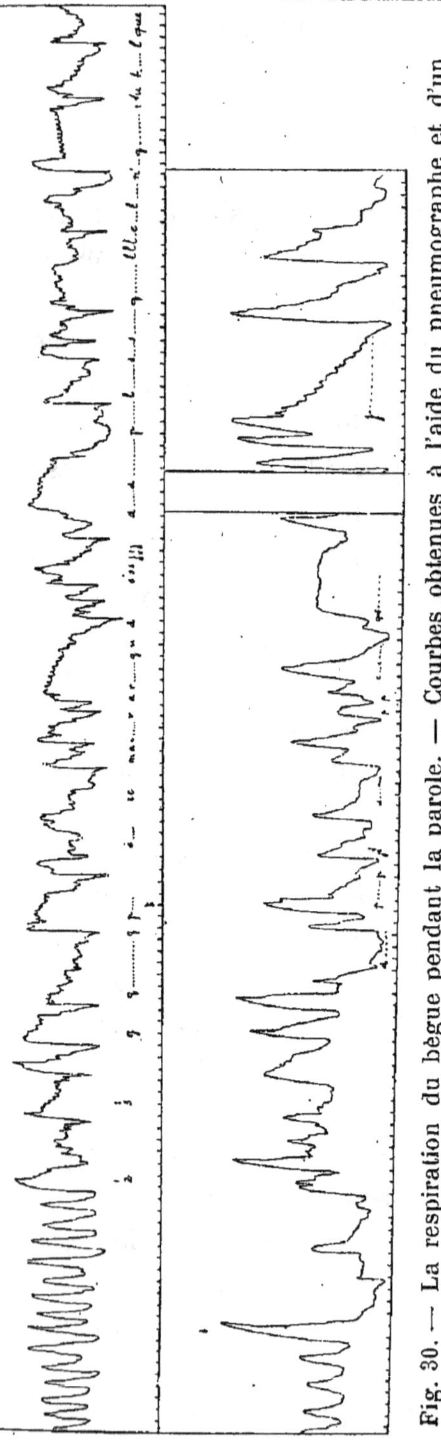

Fig. 30. — La respiration du bègue pendant la parole. — Courbes obtenues à l'aide du pneumographe et d'un cylindre enregistreur (réduction de 2 1/2).

suivent le rythme de celles-ci et paraissent aider l'impulsion motrice.

Dans les crampes toniques, les mouvements associés cherchent à amener l'émission de l'articulation rebelle, ils facilitent en général les attaques, mais dans les cas graves ils sont souvent exécutés en vain.

C) Appareil respiratoire. — Au point de vue anatomique, l'appareil respiratoire du bègue est généralement normal. La capacité pulmonaire n'est pas inférieure.

La fonction respiratoire pendant la parole est troublée chez le bègue.

Une analyse sommaire des courbes ci-jointes, tracées dans le laboratoire et avec la collaboration de M. le Dr Decroly[1], au moyen du pneumographe et du cylindre enregistreur, nous permet de constater des troubles très caractéristiques. Dans la première courbe obtenue sur un enfant de quatorze ans, bégayant très fortement, nous avons d'abord inscrit la respiration à l'état de repos (jusqu'à la première croix), puis nous lui avons fait réciter la fable : *Le lièvre et la tortue*, de La Fontaine. Nous avons essayé de noter sur le graphique les lettres sur lesquelles l'enfant a bégayé. Voici quelques faits à remarquer :

Au moment de commencer l'émission de la parole, le sujet fait une inspiration plus profonde que pendant l'état de repos.

La courbe montre une crampe clonique pour *qu* (*qu*e vous n'atteindrez pas) et permet de constater les mouvements alternatifs de relâchement et de crampe et la perte graduelle d'air. Vers la fin de la même courbe nous voyons le tracé d'une crampe tonique de *qu* (*qu*atre pas à faire), avec efforts vains, puisqu'il n'y a aucune perte d'air.

La seconde courbe est beaucoup plus instructive. Elle marque les oscillations respiratoires d'un bègue de dix-sept ans.

Au début nous avons inscrit trois mouvements successifs d'inspiration et d'expiration pendant l'état de repos, puis nous avons fait répéter à notre bègue la phrase suivante : *je me lève le matin et je dîne à midi et je me couche le soir*.

Au moment de parler, nous voyons faire une très forte inspiration, suivie d'une expiration rapide plus profonde encore. C'est quand il n'a plus d'air que notre sujet débute

1. Nous publierons prochainement, en collaboration, une étude sur la respiration chez les bègues, analysée au pneumographe.

son *j* lequel est filé pendant quelques secondes et qui est arrêté par une brusque et courte inspiration, arrêtée elle-même, par la mise en place des organes pour l'émission de *m :* crampe tonique pendant deux secondes et demie, puis nouvel appel d'air suivi d'une échappée nouvelle et ensuite de *je me lève*... La caractéristique de ce cas se manifeste sur le graphique par toutes ces pointes hautes et étroites qui indiquent des inspirations beaucoup trop profondes suivies immédiatement d'expirations quasi complètes de l'air emmagasiné et tentatives d'émission de la parole quand il n'y a plus d'air disponible.

A la fin de ce graphique, remarquer une crampe tonique de *qu*, qui dure six secondes et qui arrête tout mouvement respiratoire.

Nous avons vu en examinant les troubles des appareils phonateurs et articulateurs, qu'une crampe tonique peut fermer la voie respiratoire au niveau des lèvres (*m*, *p*, *b*), de la langue et des incisives supérieures (*t*, *d*), du voile du palais et de la base de la langue (*k*, *g*), des cordes vocales (voyelles), nous constatons maintenant que ces crampes peuvent avoir une durée assez longue et amener ainsi chez le sujet un véritable début d'asphyxie; la face du bègue devient vultueuse, l'angoisse se lit dans ses yeux : les photographies reproduites aux pages 82 et 83 de ce livre (fig. 27 et 28), donnent l'impression de cet état particulier. C'est ce début d'asphyxie qui amène aussi et tout naturellement des mouvements associés de la tête, des membres, du buste.

La troisième courbe montre encore ces inspirations considérables, perdues presque immédiatement après par des expirations plus complètes encore. Cette courbe montre aussi la forme d'une crampe clonique sur *j* : les organes sont fixés dans la position nécessaire, mais ne peuvent rompre cette position pour passer à l'émission de la voyelle qui suit. L'air s'échappe donc régulièrement. Mais le sujet cherche à passer à la position suivante; la lutte qui s'ensuit entre l'influx moteur et la résistance des organes et que nous avons appelée crampe clonique se manifeste par les oscillations que l'on remarque sur la courbe.

Très souvent j'ai rencontré chez les bègues des défectuosités dans l'acte respiratoire en dehors de l'émission de la parole. Les épaules sont soulevées et le ventre rentré très fortement pour l'inspiration; ou bien les côtes sont fixées, la poitrine est plate, le diaphragme seul travaille pendant la respiration ; ou bien encore, il y a impossibilité à maintenir l'air inspiré pendant quelques secondes. Quelquefois le travail pulmonaire est asymétrique.

D. Influences agissant sur l'intensité du bégaiement. — Sauf de très rares exceptions, le langage du bègue n'est pas troublé pendant qu'il chante. En général la parole chuchotée diminue fortement ou supprime totalement les manifestations du bégaiement.

Les manifestations du trouble deviennent particulièrement fortes si le sujet est sous le coup d'influences morales.

Un de nos élèves, pendant qu'il faisait ses exercices à haute voix dans sa chambre, entend entrer une de ses tantes qui venait rendre une visite. Généralement il parlait très mal avec cette tante, aussi l'idée qu'il lui souhaitait le bonjour en bégayant se présenta immédiatement à son esprit, son cœur se mit à battre fort, et il lui fut impossible de faire encore correctement le moindre exercice.

D'autres voient leur état s'aggraver à la suite d'une discussion animée, de réprimandes, de moqueries, etc...

Les influences atmosphériques dont on connaît l'action sur le caractère des personnes nerveuses en général, agissent très fortement sur la parole des bègues. Le mal est plus marqué quand il vente, quand il neige, quand le temps est chaud et orageux.

Certains bègues éprouvent la phobie de certains mots. Dans une lecture, dans une conversation, s'ils ne parviennent à passer ou à donner un synonyme pour le mot qui les effraye, ils y restent inévitablement buttés. D'autres bègues ont la phobie de certaines lettres, plus particulièrement de consonnes ou de groupes de lettres formant syllabes.

J'ai constaté souvent que dans les cas de bégaiement grave, le sujet vivait dans un milieu tout à fait défavorable.

Voici quelques cas cueillis parmi ceux que j'ai eu l'occasion de suivre récemment :

1. B...., Georges, 18 ans ; bégaiement intermittent, extrêmement prononcé. Dans ses mauvais moments, le sujet ne parvient pas à articuler un mot sans efforts considérables, qui se manifestent par des mouvements associés de la tête et des bras.

La maman est faible. Elle assure qu'elle sait diriger son fils, mais son mari affirme au contraire, que quand lui n'est pas là, Georges est insupportable, qu'il dispute la bonne, refuse obéissance, etc.

Le père est de caractère très faible aussi. A des périodes d'une bonté débonnaire succèdent des crises d'autorité despotique. Il se préoccupe de l'avenir de son fils par intermittences. Il le laisse faire ce qu'il lui plaît pendant des mois puis, tout à coup il se ressaisit, prend des résolutions, fait passer des examens à son fils et donne des cotes.

Il est alors tracassier, relève les moindres choses, marque au crayon bleu des *à recommencer* pour des boucles de lettres mal faites ou quelques fautes d'orthographe. Georges proteste, se révolte, dit des grossièretés. Le père répond par des punitions ridicules comme d'obliger son fils à ne revêtir que de très vieux habits pour sortir; or, Georges est très coquet. Tout cela se termine par des crises de larmes, des humiliations et malheureusement par une aggravation de l'état de la parole.

2. Norbert....., enfant de 12 ans ; bégaiement intermittent très prononcé, qui s'aggrave journellement. La maman est de caractère faible, doux. Le père est nerveux, impulsif, dominateur, plein d'esprit de contradiction. Il me demande une entrevue pour le conseiller au sujet des mesures à prendre afin d'enrayer le bégaiement de son enfant et débute en me disant que le milieu dans lequel vit son fils est détestable pour celui-ci et est la cause de l'aggravation du bégaiement. Il ajoute que ce milieu est mauvais par sa faute et celle de sa femme, mais que rien ne pourra le modifier. « J'ai quarante-huit ans, Monsieur, dit-il, je suis nerveux, je le sais, je me fâche vite, je le sais, vous voyez que je l'avoue, mais ce n'est pas à mon âge qu'on peut changer son caractère. Et puis, ma femme n'a aucune autorité sur les enfants, et quand je reviens de voyage, je dois sévir, ce sont des plaintes incessantes..... »

Pendant l'entrevue, sa femme rectifia une affirmation un peu vive sur son caractère. Il se fâcha et essaya de lui démontrer qu'elle était ridicule, qu'elle disait le contraire de ce qu'elle savait, que c'était pour lui causer du déplaisir, etc., puis, il se calma, se tourna vers moi en souriant, se remit à causer, mais bientôt la même idée revenant : *l'enfant est espiègle,* il reparla des plaintes de sa femme et aussitôt son accès de colère le reprit : « et ma femme dira devant vous que..... »

Pendant cette conversation qui dura environ une heure, il parvint à se fâcher cinq fois. Il s'efforça de démontrer que le milieu dans lequel son enfant vit est tout à fait défavorable pour un traitement et qu'il est tout à fait impossible de le changer de milieu ; il réfuta toutes les bonnes raisons de sa femme qui lui proposait de tenter un essai, tout en déclarant qu'il ferait l'impossible pour qu'une amélioration soit apportée à la situation de son enfant.

3. Camille...., enfant de 14 ans ; bégaiement prononcé, misanthropie, tristesse persistante. Le père et la mère ne se parlent plus depuis des années, ils habitent sous le même toit et travaillent tous deux à la maison. Leur caractère s'est aigri.

Notre sujet est l'enfant cadet, ce qui l'a fait choisir de part et d'autre pour remplir le rôle délicat d'intermédiaire entre les époux.

Je reçois successivement, des jours différents, le père et la mère, très intelligents tous deux. Ils analysent leur milieu avec beaucoup de pénétration. Ils reconnaissent que le mal est aggravé en grande partie par leur intérieur qu'ils qualifient tous deux d' « enfer ».

La mère accuse le père de se faire « petit saint » avec les enfants et d'être ainsi souvent défendu par eux. Le père accuse la mère de tourmenter Camille par des reproches incessants de froideur, d'indifférence, d'ingratitude.

Je parvins à faire placer l'enfant dans un autre milieu et le traitement orthophonique réussit admirablement. La tristesse, la misanthropie disparurent avec le bégaiement.

4. Victor..., 29 ans ; bégaiement très prononcé.

Ce sujet a subi déjà, chez deux spécialistes étrangers, quatre traitements sans résultats durables. Dans ses notes et dans ses communications orales, Victor parle souvent de la mauvaise influence de son milieu familial, dans lequel il ne vit plus maintenant. C'est chez lui une idée fixe. Quand il en parle, il bouillonne, il oublie toutes les recommandations faites, se fâche. Son père, homme d'affaires, ne l'écoutait pas, le rembarrait avec de bonnes raisons à lui, le traitait avec impatience, l'humiliait devant les employés.

Après le premier traitement qu'il lui fit subir, il se fâchait parce qu'il avait si peu profité des leçons du spécialiste. Il accusait son fils de manque de travail, et pour contrôler ce travail, il faisait faire les exercices recommandés à côté de lui dans son bureau, au milieu des employés. Cette façon de procéder est certes en grande partie la cause de l'échec des divers traitements suivis et de l'aggravation incessante du mal.

Le bègue parle plus mal avec des étrangers qu'avec des personnes familières. La moindre émotion aggrave les manifestations du mal. Une légère ivresse peut rendre la parole beaucoup plus aisée.

Voici un extrait de l'auto-biographie de l'un de mes élèves :

« Quelle affaire de chercher des timbres ou des objets classiques : j'avais la chair de poule rien que de penser au bureau des postes ou à l'imprimerie. Quand je ne pouvais éviter cette nécessité, quand je ne pouvais en charger mes parents ou des camarades complaisants, je me résolvais en fin de compte, malgré mon profond chagrin et ma peur bleue, à m'acheminer lentement vers le bureau des postes. Il était choisi de préférence dans un faubourg, avec l'espoir d'y rencontrer peu ou pas de monde. J'entrais avec un air de chien battu et s'il y avait des personnes aux guichets, je me plantais devant des avis en français et en flamand ayant rapport à la caisse d'épargne et de retraite ou bien à la collation des emplois d'ingénieur ou de commis aux chemins de fer, postes et télégraphes... Mon regard parcourait distraitement ces affiches qui m'étaient indifférentes, j'épiais à la dérobée l'instant où le bureau serait tout à fait désert et alors, après avoir consciencieusement traîné, hésité, tergiversé, je me décidais à passer au guichet. Parfois, même après m'être attardé ainsi, soit que le bureau ne désemplit pas, soit que la crainte de trop mal parler me tenaillât, je m'en allais, rassuré soudain, heureux de ne rien avoir à demander à personne, quoique bien ennuyé de différer mon achat au lendemain.

« Quelle affaire encore de chercher des fournitures à la papeterie. La crainte me subjuguait, m'obsédait, m'oppressait. Je parcourais plusieurs fois la rue d'un bout à l'autre, je m'arrêtais devant le magasin, contemplant les objets étalés à la vitrine et lorgnant à l'intérieur pour voir s'il y avait des clients et qui les fournissait, j'avançais de quelques pas, puis je rebroussais chemin. Une voix me criait : « Entre donc ». Et je répondais en moi-même : « Pas de suite, dans un instant ». La minute d'après, j'étais encore moins résolu. Ah ! de combien d'hommes, j'aurais lassé la patience et déchaîné la colère en ces moments ! Je n'osais pas entrer et je tournais autour du magasin à la façon d'un rôdeur. Que faire ?... »

E. Siège du bégaiement. — Les diverses considérations ci-dessus, jointes aux causes fréquentes du mal (émotion, imitation, etc.) et la manière dont il se developpe, montrent clairement que tous les symptômes observés dans les organes de la respiration, de la phonation et de l'articulation ne sont que des manifestations périphériques d'un mal dont le siège est central.

Ce qui vient encore étayer cette thèse, c'est l'existence

dans la littérature médicale de la description de quelques cas de bégaiement apparus à la suite de lésions cérébrales (Cornill et Kussmaul).

Les auteurs qui se sont occupés particulièrement du bégaiement l'ont localisé, les uns dans les centres mêmes du langage, d'autres en différents endroits des voies conductrices de ces centres à la périphérie, d'autres enfin dans les centres supérieurs d'association.

En vérité tout ceci est du domaine de l'hypothèse, nous devons humblement confesser notre ignorance sur le siège vrai de bégaiement.

D) Traitement du bégaiement.

A. **Préparation du traitement**. — 1. Examen du sujet. — L'examen porte sur les manifestations du mal. La respiration du bègue est examinée au repos, au moment de fortes inspirations, pendant la parole. Cet examen se fait le torse nu, pour permettre de noter les mouvements du diaphragme, et notamment les crampes qui se laissent deviner par les commotions transmises au paquet viscéral, au moment de la rupture de la résistance opposée par la crampe. L'examinateur note également si le mouvement respiratoire a la même amplitude des deux côtés, si le sujet soulève les épaules en respirant, etc.

Le sujet est invité à lire, à réciter un morceau connu de mémoire, à compter de 1 à 20, à raconter ce qu'il voit sur une gravure, à expliquer comment on fait du pain, un pardessus, une bottine, à expliquer le chemin suivi pour se rendre de son domicile à la consultation. Si le bégaiement est grave, on invite également le sujet à chanter, à parler à voix chuchotée.

L'examinateur note tous les troubles d'articulation, de phonation, de respiration qu'il observe au cours de l'examen.

L'examen porte également sur l'état physique.

2. Informations sur le sujet. — Il est de très grande importance de réunir des documents précis concernant le sujet à traiter. Les documents porteront sur :

a) Les antécédents héréditaires : directs et indirects (langage, maladies nerveuses, tics, alcoolisme, etc.) ;

b) Les antécédents du sujet : début de la parole, marche, dentition, maladies infectieuses, évolution physique, intellectuelle, morale (caractère), etc.

c) Le début (causes probables) et l'évolution des troubles ;

a) Les influences qui agissent sur les troubles :

1° Le milieu : manière de se comporter des parents, frères et sœurs, bonne, domestique, instituteur, etc., vis-à-vis des manifestations de bégaiement de l'enfant.

2° Les personnes étrangères (visites, courses, démarches, etc.).

3° Les influences atmosphériques.

4° Les influences de l'état de santé.

5° Les influences diverses.

e) L'état intellectuel.

f) L'état moral (timide ? indécis ? misanthrope ? triste ? inquiet ? déprimé ? persévérant ? volontaire ?...)

En outre, avant de commencer un traitement, je fais écrire par le sujet ou par sa maman, s'il est trop jeune, l'histoire complète du trouble. J'insiste pour que les moindres faits ayant un rapport avec l'état de la parole, soient indiqués : incidents scolaires ; souvenir de moments de dépit, de découragement; faits qui ont amené des crises de misanthropie ; influences diverses ayant agi ou agissant sur la parole, etc. Les documents qui me sont fournis et qui présentent souvent un très grand intérêt, sont alors le point de départ de nouvelles informations, de nouvelles conversations des plus instructives pour moi, qui me permettent de pénétrer le caractère de mon sujet et de me faire une idée exacte sur son mal. Le temps nécessaire à cette connaissance est variable. Ce qui importe, c'est de ne commencer un traitement qu'avec certitude, sans tâtonnements.

B. **Traitement général**. — Un traitement général doit souvent précéder le traitement spécial du bégaiement. Il peut être nécessaire de soumettre l'enfant à un régime alimentaire spécial (calmant, fortifiant...). Il est indispensable, en cas d'obstruction nasale, de recourir préalablement à un traitement chirurgical. Il peut être nécessaire de faire l'éducation systématique de la volonté du malade. Dans la plupart des cas, c'est au médecin qu'il appartient de fixer le traitement général.

C. **Traitement moral**. — L'étude du sujet et de son milieu permet d'augurer des résultats du traitement. Très souvent il est nécessaire de faire l'éducation des parents en leur démontrant le mal que leurs inconséquences peuvent amener et la nécessité pour l'enfant de se trouver dans un milieu calme, sympathique, encourageant, gai.

Lorsqu'il n'est pas possible d'écarter les causes déprimantes d'un milieu, il faut absolument placer l'enfant dans un milieu plus favorable.

Il est indispensable aussi que le professeur inspire une

confiance absolue au bègue. Toujours il doit être aimable, accueillant, encourageant. Il doit savoir réveiller l'enthousiasme chez les sceptiques, les découragés; il doit surtout soutenir la volonté des faibles, des irrésolus.

Pour réaliser ces conditions de traitement, le professeur doit intéresser le sujet à ses procédés et obtenir vite un résultat.

Pour intéresser les sujets aux procédés de traitement, je leur explique le mécanisme de leur mal le plus simplement possible. Je leur montre aussi par quelle espèce d'exercices on parviendra à vaincre ce mal. Je fais en outre tenir par chacun de mes sujets, pendant toute la durée du traitement, un journal dans lequel ils inscrivent :

a) Le temps consacré le matin, dans la journée et le soir, aux exercices spéciaux.

b) Les observations concernant les fautes faites, avec l'indication du pourquoi de ces fautes (en s'en rapportant aux notions enseignées). Quand le sujet ne sait pas donner de raison, il faut qu'il analyse le trouble et qu'il en demande l'explication à la leçon suivante.

c) Les observations sur la marche du traitement, les petits succès, les petites victoires.

Pendant les leçons, le sujet *ne peut* bégayer. Le professeur doit s'arranger de manière à ne lui donner que des choses qu'il sait faire, et augmenter graduellement les difficultés. Au début, je ne m'attarde jamais longuement aux exercices d'articulation et de phonation. Je cherche à arriver vite à la lecture et à de petites conversations, mais je continue, dans la suite, à conserver une partie de la leçon aux exercices systématiques.

Pour ménager la confiance en soi du malade, Liebmann a imaginé tout un système qui réussit surtout avec les enfants, mais que j'estime devoir être complété suivant les cas par une éducation plus spéciale du mécanisme de la parole : respiration, phonation, articulation.

Voici en quoi consiste le système de Liebmann :

Ce médecin explique à ses sujets que dans la parole il y a des consonnes et des voyelles. Il explique comment les unes et les autres sont émises dans la parole normale et dans le cas de bégaiement. Puis il déclare que dans le chant, le bègue n'éprouve pas de difficultés parce que les voyelles sont allongées. Il invite son sujet à chanter le morceau connu de tous en Allemagne « *Heil dir im Siegerkranz* ». S'il s'aperçoit que le sujet a peur, qu'il pourrait débuter mal et qu'ainsi la confiance en son professeur pourrait être entamée, Liebmann chante lui-même avec l'enfant, d'abord très fort, puis plus doucement, puis il laisse l'enfant chanter seul. Il fait constater la parole bien coulante pendant le chant et déclare que le procédé qui consiste à prolonger la voyelle, réussit également dans le langage courant, qu'en utilisant ce moyen le bégaiement ne pourrait se produire. Tout de suite il passe à l'application. Il donne lui-même une phrase, l'articule seul, puis invite l'enfant à l'articuler avec lui, le fait répéter encore en n'aidant plus que le début, et laisse enfin répéter la phrase par le sujet seul. Liebmann encourage l'enfant, en le félicitant, et en lui faisant constater combien il est simple de bien parler. Il fait ensuite répéter après lui toute une série de petites phrases. Puis il fait répondre à des questions dans le genre de : Quel âge avez-vous ? Quel jour est-ce aujourd'hui ? etc. Après chaque réponse, les encouragements, les louanges adroites viennent augmenter la confiance en soi du patient. On passe ensuite à la lecture. Liebmann lit d'abord à haute voix seul, puis avec le sujet, puis, il se contente de soutenir les premiers mots, puis il laisse lire le patient seul.

Les parents n'assistent pas aux leçons. Quelquefois, à la fin de celles-ci, Liebmann fait entrer la maman pour lui permettre d'entendre son enfant parler correctement. La première entrevue est délicatement préparée par Liebmann. Il prévient l'enfant que sa maman va venir assister à la leçon, puis il la fait entrer et élimine l'émotion, inévitable pour l'enfant, de cette première démonstration, en louangeant à la mère la façon intelligente dont son fils a compris le travail et en expliquant comment celui-ci pourra parler correctement. Cette manière de faire permet à l'enfant de retrouver son calme, compromis au moment de l'entrée de la maman. Liebmann pose ensuite, devant la maman, les mêmes questions auxquelles l'enfant a bien répondu quelques instants auparavant.

Liebmann complique graduellement les difficultés ; il raconte une histoire à son sujet, puis il la fait répéter. Il fait d'abord répéter après lui, phrase par phrase, puis il raconte une seconde fois tout le récit et le fait répéter entièrement par le patient. L'histoire est peu à peu rendue plus longue ; il faut la raconter après une audition. Ensuite le sujet doit lire une histoire de quelques pages et la raconter.

Dans la suite, Liebmann fait répondre l'enfant à des questions semblables à celles qui lui sont posées à l'école par son instituteur au sujet des branches d'enseignement.

On voit par ce type de traitement que certains auteurs attachent une importance exclusive au traitement moral. Il indique assez que si on ne tient compte de ce point de vue, ce qui se présente notamment pour les personnes qui cherchent à faire un traitement en commun de nombreux sujets, le bégaiement ne peut être réduit définitivement.

D. **Traitement des troubles.** — 1. EXERCICES DE RESPIRATION. — Nous avons vu que chez le bègue la fonction respiratoire est généralement troublée, il ne sait faire un usage logique de ses appareils : il emmagasine une quantité trop considérable d'air qu'il ne peut ensuite retenir pour l'utiliser au point de vue de la parole.

Les personnes qui s'intéressent aux bègues, mais qui ne les ont guère étudiés, leur recommandent souvent de faire une forte inspiration avant de parler. Point n'est besoin de dire après l'examen des courbes pneumographiques que ce conseil est plutôt mauvais. Sans doute, il est nécessaire d'avoir de l'air dans ses poumons avant de commencer à parler, mais, il est dangereux d'en prendre trop.

Certains bègues doivent être soumis à des exercices spéciaux pour leur apprendre à respirer normalement sans soulever les épaules et en faisant fonctionner le muscle diaphragme. Ces exercices se ramènent aux types suivants :

Premier exercice :

a) Se coucher sur le dos, placer les mains légèrement appuyées sur le ventre ;

b) Inspirer par le nez, par saccades ;

c) Ouvrir la bouche ;

d) Expirer brusquement par la bouche en appuyant des deux mains sur la paroi abdominale, de manière à forcer le paquet intestinal à refouler le diaphragme.

Deuxième exercice :

a, *b*, *c*, comme pour le premier exercice.

d) Expirer lentement la bouche ouverte.

Troisième exercice :

a) Comme pour les deux premiers ;

b) Faire une seule forte inspiration par la bouche ouverte ;

c) Expirer lentement par la bouche ouverte.

NOTE. — Ces exercices sont pratiqués dans une place bien aérée et sans aucun vêtement serrant autour du corps.

Ces exercices bien faits amènent rapidement une respiration mixte : costo-abdominale. Lorsqu'ils sont parfaitement exécutés dans la position couchée, on exerce le sujet à les pratiquer dans la position debout.

Lorsque le bègue possède une forme de respiration normale, il s'agit de l'amener à se servir avec aisance, pendant la parole, du courant d'air expiré.

Les règles dont le bègue ne doit jamais se départir sont les suivantes :

a) Faire des inspirations rapides, par la bouche ;

b) Eviter de faire des inspirations trop profondes ;

c) Ne jamais épuiser complètement sa provision d'air ;

d) A chaque petit arrêt dans une phrase, faire une courte et rapide inspiration.

Dans des cas difficiles d'incoordination des mouvements respiratoires j'ai employé avec succès le moyen suivant :

Je fais faire une inspiration rapide et, en même temps, je fais élever latéralement les bras jusqu'à hauteur des épaules. Puis, je fais émettre des mots ou des phrases en abaissant lentement les bras. Chaque inspiration, petite ou grande, doit coïncider avec un mouvement d'élévation correspondant des bras.

Dans ce procédé, les bras jouent le rôle de régulateur du débit respiratoire. Bien surveillés, ils aident considérablement le sujet. Il est bien entendu qu'ils ne constituent qu'un moyen adjuvant qu'il ne faut employer qu'au début.

2. Exercices de phonation. — L'émission d'un son (voyelle) exige le travail combiné de toute une série de muscles qui concourent à donner à la glotte l'ouverture nécessaire. Si ces muscles reçoivent des impulsions motrices trop fortes, la glotte est entièrement fermée, il se produit une crampe. Pour éviter ces accidents si fréquents chez le bègue, on décompose le travail complexe de la mise en place des cordes vocales. On fera donner, au début, de l'air légèrement sonore, ce qui n'exige que le fonctionnement des *muscles thyro-arythénoïdiens internes;* puis on passera à la voix chuchotée, ce qui demande en outre le jeu des *crico-arythénoïdiens latéraux;* enfin la voix se produira en mettant en scène, en plus des muscles déjà cités, les *muscles arythénoïdiens*. Ces exercices sont pratiqués sur toutes les voyelles, d'abord lentement, de manière à partager l'expiration en trois parts à peu près égales en durée : *a*) air sonore, *b*) voyelle chuchotée, *c*) voix normale. Dans la suite, les deux premières sont contractées jusqu'à n'être plus perçues par un auditeur non averti.

Des mots commençant par une voyelle, puis des phrases de même, sont successivement articulés en tenant compte du procédé indiqué ci-dessus.

La première voyelle de la phrase doit toujours être prolongée : au début très fort, dans la suite de moins en moins. Les autres voyelles du mot ou de la phrase doivent également être légèrement prolongées.

3. Exercices d'articulation. — Le bègue doit acquérir cette conviction que, dans le langage normal, ce sont les

voyelles qui sont importantes et que les consonnes doivent passer au second plan. Chez lui, le contraire a lieu généralement. Il est arrêté par les consonnes, les prolonge considérablement si ce sont des soufflantes, reste butté ou les répète plusieurs fois si ce sont des explosives.

Au point de vue de l'articulation, le bègue ne doit jamais perdre de vue les règles suivantes :

1° Ne pas placer d'avance les organes dans la position nécessaire à l'émission d'une articulation donnée.

2° Si la consonne commence un mot ou une phrase, ouvrir la bouche d'abord en faisant une courte et rapide inspiration, puis émettre rapidement la consonne sans appuyer, et prolonger la voyelle qui suit cette consonne.

3° Lier tous les mots d'une phrase de manière à limiter le nombre des attaques nouvelles. A chaque arrêt reprendre une petite quantité d'air et procéder comme s'il s'agissait d'un commencement de phrase.

Pour amener le bègue à observer ces règles, on lui fait faire des exercices spéciaux portant sur des phrases commençant par diverses consonnes.

Pour apprendre au bègue à lier tous les mots d'une phrase, à former d'une émission un bloc bien compact, le procédé suivant, très employé par Van Lier dans ses cours communaux pour troubles de la parole de La Haye, m'a souvent aussi donné d'excellents résultats. Il consiste à émettre successivement la première syllabe, puis les deux premières, puis les trois premières syllabes... d'une phrase, de manière à amener par un exercice gradué, à l'émission correcte de la phrase entière.

Un exemple fera mieux comprendre. Supposons que le bègue soit exercé sur cette pensée de Plutarque : *travaillez sans relâche, à prendre sur vous plus d'empire*. La phrase étant assez longue sera coupée par une petite inspiration après relâche.

En indiquant par le signe **V** l'inspiration courte et rapide qui doit précéder toute émission de parole, par un petit trait horizontal les voyelles à prolonger et par le signe ⁀ la liaison des mots, l'exercice se présentera de la manière suivante :

V trā ; **V** trāvā ; **V** trāvāillēz ; **V** trāvāillēz⁀sāns ; **V** trāvāillēz⁀sāns⁀rē ; **V** trāvāillēz⁀sāns⁀rēlā ; **V** trāvāillēz⁀sāns⁀rēlâche ;

V ā ; **V** ā⁀prēn ; **V** ā⁀prēndre ; **V** ā⁀prēndre⁀sūr ; **V** ā⁀prēndre⁀sūr⁀vōus ; **V** ā⁀prēndre⁀sūr⁀vōus⁀plūs ; **V** ā⁀prēndre⁀sūr⁀vōus⁀plūs⁀d'ēm ; **V** ā⁀prēndre⁀sūr⁀vōus⁀plūs⁀d'ēmpīre ;

V trāvāillēz⁀sāns⁀rēlâche, **V** ā⁀prēndre⁀sūr⁀vōus plūs⁀d'ēmpīre.

Les exercices varient évidemment suivant l'âge et l'intensité du bégaiement du sujet traité.

Dans les cas graves de spasmes des lèvres, de la langue, etc., on fait usage du miroir. Le bègue s'exerce en se regardant dans le miroir.

4. Exercices de la parole courante. — Le plus vite possible et sans attendre que les exercices d'articulation, de phonation, de respiration aient donné tout ce qu'on est en droit d'espérer d'eux, je commence les exercices de lecture et de conversation. Pour le début de la lecture et de la conversation, j'ai adopté avec succès la marche suivie par Liebmann et relatée ci-dessus.

Je fais aussi expliquer des histoires sans paroles, raconter un fait divers, expliquer la fabrication d'un objet.

J'exécute aussi des séries d'actions (scènes mimées) qui doivent être transmises en paroles par le bègue.

Dans certains cas, je fais donner une conférence ou une leçon, soutenir une discussion sur un sujet donné et cela en présence ou non de personnes étrangères.

Dans tous ces exercices le professeur doit être très vigilant. Il doit exiger l'observance des enseignements acquis. Lui-même doit prêcher d'exemple, parler lentement, par petites phrases.

A l'Institut central pour troublés de la parole de Copenhague, on remet à chacun des élèves ayant subi un traitement complet, un imprimé sur lequel on a réuni quinze recommandations que le bègue ne doit jamais perdre de vue, s'il veut continuer à parler convenablement. Ces recommandations sont fort intéressantes, les voici :

1° Exercez-vous à parler lentement — au début, le plus lentement possible, et émettez les différents sons suivant les indications données.

2° Agissez avec modération. Un bègue doit écouter avec calme les paroles qu'on lui adresse ou les ordres qu'on lui donne. Il doit y réfléchir et répondre posément.

3° Maintenez la première syllabe ou plus exactement la première voyelle plus longtemps que les autres syllabes.

4° Respirez fortement et songez bien que la bouche est seulement un passage pour l'air, qui doit aider à la production des sons, lors de l'expiration.

5° Ne faites pas de mouvements inutiles avec les épaules, la tête, les pieds ou avec d'autres parties du corps. Refrénez donc tous les mouvements associés et exercez-vous devant le miroir.

6° N'appuyez jamais sur la consonne, ne dites pas : p — a mais prononcez pa —

7° Emettez doucement la voyelle, par exemple : a <———

8° Avant de parler il faut ouvrir la bouche.

Pour parler et chanter, il faut respirer par la bouche ; à l'état de repos, il faut respirer par le nez.

9° Sachez que vous savez parler quand vous observez les préceptes donnés. Il s'agit de conserver ce que vous avez obtenu. De même que vous avez dû faire des efforts pour apprendre, de même vous devez vous efforcer de ne pas oublier ce que vous avez appris. Dans ce but, vous devez vous exercer constamment, au moins deux demi-heures par jour, si vous ne voulez pas être exposé à redevenir un bègue.

A cet effet vous trouverez toujours le temps nécessaire, puisque la plupart des exercices peuvent se faire pendant les occupations journalières.

10° En parlant, ouvrez naturellement la bouche de la même manière que vous le faites pour mordre dans une tartine.

11° Articulez clairement avec des mouvement de bouche exagérés. Ce n'est qu'après un temps très long que vous pouvez modérer ces mouvements, mais très lentement.

12° Soyez assuré de ce que vous voulez dire et de la façon dont vous voulez le dire. Si vos idées sont brouillées et non classées avec ordre, il vous sera impossible de les exprimer en paroles.

13° Évitez les fortes émotions. Ne soyez pas inquiet, brusque, passionné, et ne vous laissez pas émouvoir par le plaisir ou par les peines.

14° Remplissez fidèlement et consciencieusement votre tâche journalière. Tout ce que vous faites, faites-le de cœur, tout en vous servant des facultés et de l'énergie que vous avez en vous. Vivez en même temps de telle façon que vous puissiez affronter tous les regards. Cela vous donnera du courage et de la force et aussi l'indispensable confiance en soi-même, sans laquelle un bègue ne peut s'exprimer.

15° Soyez sur vos gardes si vous vous trouvez en compagnie de bègues ou de gens qui parlent trop vite.

5° Traitement au point de vue central. — Tous les exercices spéciaux atteignent en réalité le siège central. C'est par l'exercice de l'ouïe et des muscles de l'appareil articulateur que les images verbales motrices sont enregistrées. Faire des exercices systématiques, c'est en réalité exercer les centres supérieurs de coordination, et par cela même atteindre le siège central.

Emploi du geste. — Pour arriver à un bon résultat dans la correction du bégaiement, il y a lieu de ne négliger aucun des facteurs capables d'aider le sujet. C'est pourquoi j'ai introduit l'emploi systématique *du geste* dans le traitement du bégaiement.

Chacun de nous a pu observer que la parole est singulièrement facilitée par l'emploi abondant de mouvements des bras et du corps. Que celui qui ne serait pas convaincu s'essaye à prononcer un discours dans un état d'immobilité absolue du corps et des membres.

Féré, à la suite d'une série d'expériences de psycho-mécanique relatées dans son livre : *Sensation et mouvement*[1], est arrivé à donner l'explication physiologique de ces relations. Cet auteur a établi que l'excitation produite dans le centre cérébral par les mouvements du

1. Paris, Alcan.

membre correspondant se transmet dans une certaine mesure aux centres voisins. C'est ainsi que le fait d'exciter mécaniquement le centre des mouvements volontaires de la jambe augmente la force potentielle du bras du même côté.

C'est par ce « rayonnement » de l'excitation que le travail du centre des mouvements volontaires du bras peut exciter, d'une manière très sérieuse, le centre du langage, ainsi que le témoigne l'observation des aphasiques moteurs par suggestion. Si sur un aphasique de ce genre, dit Féré, nous pratiquons des mouvements passifs de tous les segments du membre supérieur droit, nous constatons que, au bout d'un instant, l'exercice de la parole redevient possible pour cesser aussitôt que les mouvements du bras cessent, le même résultat est obtenu si le sujet fait des mouvements actifs du bras droit.

Le parti à tirer du geste dans le traitement du bégaiement, comme aussi d'ailleurs dans celui de tous les troubles de la parole dont les manifestations sont plus ou moins liées au travail des centres cérébraux, ressort clairement de ces quelques faits. L'expérience pratiquée sur de nombreux bègues est venue confirmer le bien fondé de ces considérations.

Il est intéressant aussi de signaler que beaucoup de bègues attachent à l'emploi de certains mouvements au cours de l'émission de la parole une influence bienfaisante. Je rappelle aussi que Serre d'Alais basait son traitement en grande partie sur des mouvements violents des bras pratiqués systématiquement au moment de la parole.

Voici comment j'utilise le geste :

Tout au début de l'émission des phrases, j'aide l'élève en faisant moi-même la mimique. Je trace le mouvement que la phrase doit dessiner : une ligne souple, déliée, moelleuse, ondulante, sans saccades, sans arrêts, sans cadence,... puis, je fais articuler la phrase et aide moi-même le sujet dans son geste en lui dirigeant la main.

Pour les sujets fortement atteints, je fais en plus les mouvements des appareils articulateurs ; je parle *à la muette* pendant que mon élève parle à haute voix et me regarde : c'est là de *l'induction psycho-motrice* pour employer l'heureuse expression créée par Féré.

Le bègue est ensuite exercé à créer son geste lui-même et à le mettre en harmonie avec sa parole. Il faut que celle-ci soit quelque peu précédée et guidée par celui-là. Je fais faire la mimique particulièrement du bras droit chez les droitiers et particulièrement du bras gauche chez les gauchers, par cette raison que les mouvements volontaires des membres à droite sont localisés dans le cerveau gauche et réciproquement, et que d'autre part, le centre moteur de la parole se trouve localisé dans le cerveau gauche chez les droitiers et dans le cerveau droit chez les gauchers.

A QUEL AGE FAUT-IL TRAITER LE BÉGAIEMENT

Le bégaiement entrave *toujours* le développement régulier des facultés de l'enfant, toujours il porte atteinte à sa vie morale.

Je ne puis donc trop recommander de s'occuper le plus tôt possible du traitement du bégaiement.

Si le bégaiement se présente vers l'âge de 3, 4, 5 ans — ce qui est généralement le cas — il ne faut pas dire avec assurance, cela passera avec l'âge, il faut au contraire soumettre l'enfant à une hygiène bien comprise du langage qui arrêtera le développement des troubles et pourra les faire disparaître entièrement.

Un examen approfondi par une personne compétente est à recommander. Dans tous les cas, il ne faut pas brusquer l'enfant mais le traiter avec douceur, éviter de lui faire peur ou de lui faire affronter des émotions trop vives, et surtout ne pas le contrefaire.

On veillera à lui causer beaucoup, sans précipiter le débit, en faisant de petites phrases. On l'amènera à prolonger légèrement les voyelles des différents mots. On lui apprendra de petits morceaux de récitation, et de préférence des morceaux associant le mouvement, l'action à des phrases simples.

Un traitement suivi ne sera possible que lorsqu'on peut espérer un concours efficace de la part de l'enfant lui-même; c'est-à-dire lorsqu'il aura éprouvé assez vivement les désagréments attachés à son défaut. Le traitement suivi ne sera généralement pas possible avant l'âge de dix ans.

QUELQUES MOTS D'HISTOIRE AU SUJET DU TRAITEMENT DU BÉGAIEMENT

Le traitement du bégaiement a préoccupé dans une certaine mesure des savants de toutes les époques. Les conceptions qu'ils se faisaient de cette affection, et les traitements qu'ils recommandent sont souvent intéressants, spécialement au point de vue documentaire.

Sans m'y attarder longuement, je vais cependant fixer les principales étapes de cette évolution historique.

Dans l'antiquité, les auteurs de la valeur de Aristote et Gallien, attribuent le bégaiement à des défauts organiques, la langue est trop grosse, ou trop longue, ou trop épaisse, ou trop fixée, etc. Cette conception est admise jusqu'en 1584, époque à laquelle Hiéronimus Mercurialis fait paraître son célèbre traité sur les affections des enfants. Il y consacre tout un chapitre au bégaiement. Selon cet auteur, le bégaiement est causé par une trop grande humidité du cerveau et des organes de la phonation. Il compare le bègue à un homme ivre chez lequel la langue est gonflée par suite de la trop grande quantité de liquide ingurgité. En outre, le bègue élabore difficilement ses idées par suite de l'imprégnation de son cerveau.

Le traitement recommandé par Mercurialis est évidemment en rapport avec sa conception étiologique. Il a pour but de *dessécher*, d'enlever cet excès d'humidité, cause de tout le mal.

Hiéronimus fait placer des emplâtres révulsifs sur la nuque ; des poudres sternutatoires dans le nez ; un enduit composé de sel ammoniaque, de gingembre, d'oignon, de trois espèces de poivre, de miel, de sel, etc., sur la langue ; il fait vivre le malade dans un air chaud et sec ; il défend les bains et les lavages fréquents ; il recommande de ne pas trop dormir, d'éviter la colère et l'amour...

Hiéronimus ajoute à tout cela des exercices physiques et des exercices de la voix.

Les ouvrages qui furent publiés dans la suite, reproduisent en y ajoutant parfois quelques variantes, le traitement de Mercurialis, ou retournent aux conceptions des anciens.

Ce n'est qu'au début du XIXe siècle qu'on commença à s'occuper d'une façon sérieuse de l'étude et du traitement du bégaiement.

En France, en Allemagne, en Angleterre, en Suisse, en Amérique paraissent une quantité considérable de procédés et méthodes réputés tous infaillibles pour la cure du bégaiement.

Il n'entre pas dans mes intentions de faire ici une description de toutes ces méthodes, la simple énumération m'entraînerait déjà fort loin. Je me contenterai de noter celles qui se signalent par leur originalité.

Le médecin français Itard imagina une fourche métallique qui, placée sous la langue devait entraver les mouvements convulsifs de celle-ci.

Colombat autre médecin français, bègue lui-même, imagina dans le même but un compresseur de la langue. Il faisait parler ses sujets en suivant le mouvement du balancier d'un métronome spécial appelé par lui *muthonome*.

Merkel (allemand) inventa un appareil qui, fixé à la mâchoire inférieure, devait empêcher la bouche de se fermer et favoriser l'articulation.

Bien d'autres appareils furent imaginés et employés, et leur grand nombre est un indice certain, de leur peu de valeur thérapeutique.

Mais les idées changèrent bientôt sous l'influence des travaux du chirurgien allemand Dieffenbach. Cet auteur envoie en 1841 à l'Institut de France, un travail intitulé : *La guérison du bégaiement par une opération chirurgicale*. Il expose qu'il avait observé que : 1° les bègues traités par les méthodes en ce moment en vogue, retombaient dans leur état primitif peu après le traitement ; 2° que le bégaiement coexistait souvent avec une loucherie convulsive des yeux.

Il assimile la cause du bégaiement à celle de la loucherie, et déclare que chez les sujets bègues la langue est deviée. Il propose pour la cure du bégaiement une opération semblable à celle pratiquée pour le redressement du strabisme (loucherie); il fait pratiquer une incision dans la langue. Cette incision peut se faire de trois manières différentes; on peut faire : 1° une section horizonto-transverse de la racine de la langue; 2° une section sous-cutanée transverse avec conservation de la muqueuse; 3° une section horizontale de la langue avec excision d'un angle de celle-ci.

Pour mieux faire comprendre l'horreur de ce traitement chirurgical, je rappelerai qu'à cette époque on ne connaissait pas l'usage du chloroforme, les malades étaient opérés sans être endormis, et sans anesthésie locale.

Dieffenbach opéra d'abord un petit garçon de treize ans qui était atteint d'un fort bégaiement avec grimaces et contractions spasmodiques.

L'opération réussit. Le sujet semblait être guéri de son affection.

D'autres opérations pratiquées par le même opérateur eurent les mêmes résultats.

Malheureusement dans tous les cas, le bégaiement fit sa réapparition lorsque la plaie faite fut à peu près guérie.

Dieffenbach reconnut honnêtement s'être trompé. Mais sa théorie avait séduit un grand nombre de ses confrères allemands et étrangers qui apportèrent certains « perfectionnements » dans le traitement.

Les uns firent deux ou trois incisions de la langue, d'autres enlevèrent la luette, ou la fendirent; on imagina même de sectionner le nerf hypoglosse et pour l'atteindre, on pratiqua chez les malheureux bègues un trou sous le menton. Mais le comble de la sauvagerie appartient à un nommé Detmold qui perfora la langue d'un bègue, de trois énormes trous, au moyen d'une aiguille à emballage, « épaisse et grosse comme pour coudre les sacs ».

Il y eut des malheureux qui ne supportèrent pas les

horribles souffrances de ces barbares opérations et qui succombèrent.

L'opinion publique s'émut. Une réaction formidable se produisit qui amena une défiance des procédés médicaux et chirurgicaux. Le charlatanisme profita largement de ce revirement.

Les méthodes pédagogiques qui avaient été imaginées et recommandées dès le début du XIXe siècle réapparurent et firent entrer l'étude du bégaiement dans une voie nouvelle. Parmi les initiateurs de ces méthodes pédagogiques il convient de citer :

Mme Leigh, une Américaine dont la méthode tenue longtemps secrète fut dévoilée par des bègues ayant été traités par elle. Mme Leigh attribue le bégaiement à une langue trop molle, trop épaisse, fonctionnant mal. Le moyen de corriger le mal consiste à parler en tenant la pointe de la langue dirigée vers le palais.

Mme Leigh faisait faire en outre — mais en ordre secondaire — des exercices de phonation et d'articulation.

Serre d'Alais (1829) fait parler ses sujets en portant violemment le bras en avant à chaque émission. Aux dominantes de la phrase il faisait faire une rotation complète du bras.

Colombat faisait parler en tenant les lèvres dans la position du rire, il donnait à ses sujets un langage rythmé entrecoupé par des inspirations nombreuses également rythmées.

Blume (1842) fait attacher à la boutonnière de ses malades une cordelette à nœuds. Il fait parler en passant successivement les doigts d'un nœud à l'autre. Il fait également parler rythmiquement en gravissant un escalier.

Klenche (1862) fait usage du métronome. Dans le langage courant il fait marquer le rythme au moyen du doigt sur la tête.

Je devrais encore citer Arnott, Schulthess, Besel, Denhardt Schmalz, Lichtinger, Becquerelle, Jourdan, etc., etc.

Plus près de nous, il convient de mentionner parmi ceux qui ont élaboré des méthodes importantes de traitement : Kussmaul, les deux Gutzmann (père et fils), Liebmann, en Allemagne ; Berquand, Chervin, Brissaud, Pitres, en France ; Sala en Italie ; Coën en Autriche ; von Sarbo en Hongrie ; Oltuszewsky en Russie.

Toutes les méthodes modernes sont d'ordre pédagogique.

LE BREDOUILLEMENT

Ce trouble de la parole est constitué par une disproportion existant entre l'influx moteur et la capacité de motilité des organes périphériques du langage parlé. Les sons et articulations chevauchent, s'entre-choquent. Ils ne sont guère qu'ébauchés ; le débit est tellement rapide que les organes ne peuvent prendre la position nécessaire pour que l'émission soit correcte ; des syllabes entières sont à peine indiquées, on ne les devine que par celles qui les précèdent et qui les suivent, les finales sont souvent laissées de côté. Le sujet « avale » ses mots, dit-on généralement, l'expression est très juste.

Le bredouillement se présente beaucoup chez les jeunes enfants. Il est, en effet, toute une catégorie d'enfants — souvent des intelligents — chez lesquels toutes les sensations déterminent des associations d'idées qui sont aussitôt extériorisées par la parole. Les impressions se succèdent avec rapidité, les associations multiples qui en résultent se pressent dans les voies motrices, les appareils périphériques, ne sachant plus suivre, produisent un travail totalement défectueux.

Chez les esprits vifs, prime-sautiers, le bredouillement acquis pendant l'enfance se conserve souvent toute la vie. Le bredouillement peut être intermittent. En général, il est moins accentué lorsque le sujet se trouve au milieu de personnes étrangères, lorsqu'il doit parler en public. Il est au contraire plus prononcé dans les rapports de l'intimité, dans les discussions, dans les accès de colère.

Le bredouillement peut apparaître chez un individu ayant toujours parlé normalement et être le résultat de troubles cérébraux.

Une forme très curieuse de bredouillement est constituée par ce que l'on a appelé le *bredouillement professionnel*. Certaines personnes ont à répéter très fréquemment une même phrase, un même texte. Il en est ainsi dans certaines professions, telle par exemple celle de vendeur aux enchères, etc.

Le débit cherchant à être de plus en plus rapide, d'autre part la pensée étant distraite, le mécanisme reste seul presque sans contrôle, il se corrompt peu à peu; le bredouillement apparaît. Le bredouillement dans ces conditions ne se présente le plus souvent qu'à l'occasion de l'émission des phrases l'ayant provoqué, mais il arrive aussi qu'il « contamine » tout le langage. Des cas de ce genre ont été signalés chez des prêtres qui, comme on le sait, répètent chaque jour leur bréviaire.

J'ai eu l'occasion de suivre de près le cas d'un enfant de huit ans, bredouillant affreusement chaque fois qu'il récitait. Il avait la manie de redire sans cesse les morceaux qu'il connaissait. A la cour, en promenade, en classe même il se répétait à mi-voix ses récitations. Son débit s'était graduellement accéléré, son articulation s'en était fortement ressentie à tel point qu'il était impossible à quiconque ne connaissait pas le morceau de pouvoir distinguer aucun mot, aucune expression. Ce bredouillement, d'abord parfaitement particularisé, s'était peu à peu étendu au langage tout entier. Ce qui est plus curieux c'est que cet enfant bredouillait également dans les manifestations graphiques du langage. Ses dessins faits spontanément étaient confus, les traits chevauchaient les uns sur les autres, les profils étaient des lignes brisées plus de dix fois. J'ai revu cet enfant plus tard. Son langage s'était fortement amélioré et ses dessins avaient subi la même transformation heureuse.

Le bredouillement peut s'étendre aux mouvements de l'écriture. Certains bredouilleurs sont incapables d'écrire leurs mots entièrement, ils indiquent la finale des mots par un trait, sautent certains mots.

Le bredouillement peut coexister avec le bégaiement, avec des dyslalies.

Traitement. — Le traitement à appliquer au bredouilleur se conçoit facilement. Il faut le dresser à parler lentement, à articuler tous les mots, à prononcer toutes les finales. Les moyens à employer pour atteindre ce but sont multiples ; ils devront, pour produire des résultats, s'adapter à l'âge et au caractère du sujet à traiter.

Les morceaux de récitation dans lesquels le geste est inséparable de la parole, qui traitent des sujets de la vie de tous les jours et qui se présentent sous une forme simple et claire sont excellents. Ils ont, outre l'avantage d'être d'excellents exercices, celui d'intéresser beaucoup le sujet à son traitement et de lui faire aimer les leçons spéciales de langage, généralement arides.

Le chant — morceaux lents — peut rendre de très sérieux services.

On improvisera des conversations sur un sujet déterminé, on fera répondre à des questions posées, raconter ce qui se voit sur une gravure, etc.

Si le bredouillement est grave il pourra être nécessaire d'étudier successivement la position type des consonnes et des voyelles, et faire quelques séries d'exercices systématiques d'articulation. Mais il faudra trouver le moyen de rendre ces exercices agréables.

Un grand point pour réussir à corriger un bredouilleur, c'est de professer d'exemple. Il faut lui parler toujours en s'observant soi-même, naturellement, en phrases courtes, dites posément en donnant à toutes les voyelles une valeur de prolongation un peu plus grande que pour les consonnes.

L'exercice recommandé pour régulariser le débit respiratoire de certains bègues par un mouvement approprié des bras, élevés et abaissés latéralement, peut rendre ici aussi de précieux services (voir p. 100).

L'ACHOPPEMENT SYLLABIQUE.

Le langage des personnes atteintes de ce trouble présente les symptômes suivants : Des sons, des syllabes sont intervertis, sont oubliés, sont surajoutés, non parce que la vitesse du débit est trop considérable, mais parce que des troubles se présentent dans le travail du groupement régulier des sons et syllabes en mots.

Un sujet atteint d'achoppement syllabique dira par exemple *poutet* pour *toupet*, ou *boujonr* pour *bonjour*, etc.

L'achoppement se présente chez un grand nombre de personnes occasionnellement ; il n'est pas alors à proprement parler un trouble du langage. Sa fréquence peut au contraire rendre la parole quasi incompréhensible et être le symptôme d'un trouble intellectuel.

Il arrive souvent que des syllabes ou des articulations étrangères se glissent dans les mots, augmentant encore la confusion du langage.

Un petit garçon intercalait des *r* dans ses mots. Il disait du *brois* pour du *bois*, mes *droigts* pour mes *doigts*, *quroi* pour *quoi*, etc.

L'achoppement peut entreprendre également le langage écrit.

Un monsieur connaissant parfaitement son orthographe débute une lettre par *J'hai...*, sa plume avait anticipé le *h* du mot *honneur* qui devait suivre. Je découvre dans une demi-page de texte écrite par un jeune homme de quatorze ans, instruit, atteint à la fois de bégaiement et d'achoppement syllabique, les mots et expressions suivantes : *depuis jours j'ai obsevé...* (depuis *deux* jours j'ai *observé...*) — *bagayer* (bégayer) — les *monts* (les mots) — la *mason* (maison), etc.

On conçoit facilement que les fautes d'orthographe dites d'inattention grouillent dans les travaux des sujets atteints de ce trouble.

L'achoppement syllabique dénote une faiblesse intellectuelle.

Il est fréquent chez les anormaux (Gutzmann et Janicke). J'ai personnellement observé de l'achoppement syllabique momentané dans la parole et l'écriture, chez des personnes intelligentes surmenées du cerveau. Ce trouble peut donc constituer un signe de fatigue intellectuelle.

Traitement. — Le traitement à appliquer consistera surtout à dresser le sujet à contrôler son langage à la fois par les voies auditives et les voies visuelles. Il apprendra à s'écouter, à comparer sa parole à celle de son professeur. Il apprendra aussi, en parlant, à faire appel au souvenir du mot écrit. Les exercices à imaginer pour atteindre ce double but varieront suivant les conditions et l'âge du malade.

BIBLIOGRAPHIE

Bonnet. — Etude critique sur la parenté morbide du bégaiement avec les tics et les crampes fonctionnelles. Bordeaux, 1906.

Chervin. — Bégaiement et autres maladies fonctionnelles de la parole. Paris, 1901.

Decroly et Rouma. — Le bégaiement. Symptomatologie. *La Policlinique* (Bruxelles), 15 janvier et 15 mars 1904.

Decroly et Rouma. — Aperçu historique sur la pathogénie du bégaiement. *La Policlinique* (Bruxelles), 1er mai et 15 juin 1903.

Decroly et Rouma. — Observations cliniques. *La Policlinique* (Bruxelles), 15 septembre, 1er octobre, 1er novembre, 15 décembre 1904.

Féré. — Note sur l'influence de l'exercice musculaire sur l'énergie, la rapidité et l'habileté des mouvements volontaires de la langue chez un bègue (*Compte rendu de la Société de Biologie*, 1890, p. 676, Paris).

Folet. — Physiologie pathologique des convulsions fonctionnelles et en particulier du bégaiement. Liège, 1873.

Guillain. — Le bégaiement hystérique. *Rev. de Méd.*, 1901, XXI, p. 897-908.

Gutzmann (A.). — Das Stottern und seine gründliche Beseitigung durch ein methodisch geordnetes und praktisch erprobtes Verfahren. Berlin, 2 parties, 1898 et 1903.

Gutzmann (H.). — Das Stottern. Frankfurt, 1898.

Gutzmann et Liebmann. — Pneumographische Untersuchungen über die Atmung der Stotterden. *Wien. Med. Blätter*, 1895.

HEGAR (A.). — Der Stotterer vor dem Strafrichter. *Monat. f. d. ges. Sprachheilkunde*, 1905, p. 262-268.

JANKE. — Sur les mouvements musculaires conscients et inconscients dans le bégaiement. IIIe Congrès des médecins et des naturalistes tchèques à Prague, 1901.

LEFÈVRE (M.). — Contribution à l'étude du bégaiement. *Archives médicales belges*, juin 1901.

LIEBMANN. — Stotternde Kinder. Berlin, 1903.

MAES (Otto). — Einige Bemerkungen über das Stottern. *Zeitschrift für Nervenheilkunde* XXIV.

OLIVIER. — Le bégaiement dans la littérature médicale. *La Parole*, 1899, n° 10.

ROUMA GEORGES. — Enquête scolaire sur les troubles de la parole chez les écoliers belges. *Internationales Archives für Schulhygiene*. II Band, 1 u. 2 Heft.

RUGANI. — Alterazioni pneumo e sfigmografiche della balbuzie. *Ann. di laryng., Otolog., Rinolog. e Faringolog.* Vol. IV, février 1903.

SALA (A.). — Cura della balbuzie et dei difetti di pronunzia. Milano, 1906.

SARBO (A. VON). — Was für Prinzipien sind bei der Bekämpfung des Stotterns zu befolgen. Eos, 1905, H 4, S. 257.

SIKORSKI. — Ueber das Stottern. Berlin, 1891.

SNYCKERS. — Le bégaiement et les autres défauts de la parole. Liège, 1900.

Revue périodique spécialement consacrée aux troubles de la parole :

Medizinisch-pädagogische Monatsschrift für die gesamte Sprachheilkunde, fondée en 1890 et dirigée par A. Gutzmann, et le Dr H. Gutzmann. Éditeur : Fischer à Berlin.

CHAPITRE VIII

LES TROUBLES DE LA PAROLE CHEZ LES ENFANTS ANORMAUX

SOMMAIRE. — *Les troubles de la parole chez les enfants anormaux :* *A*) Statistiques. — *B*) Les troubles observés chez les anormaux. — *C*) L'audi-mutisme (étiologie, traitement). — *D*) L'écholalie. — *E*) L'akataphrasie et l'agrammatisme. — *F*) La phonasténie.

A) Statistique.

Pieper sur les 224 pensionnaires de l'Institution communale pour idiots à Dalldorf, découvre 7 bègues, soit 3 p. 100 et 36 cas de dyslalies ou 16 p. 100.

Cassel a examiné avec un soin tout particulier (de 1898 à 1900) 129 enfants mentalement anormaux choisis dans 5 écoles communales de Berlin. Il a découvert 33 p. 100 de troubles de la parole, il cite notamment 4 bègues et 39 cas de dyslalies diverses associées parfois à de l'achoppement syllabique ou d'autres troubles.

Laquer, à Wiesbaden, signale 24 p. 100, Kalischer à Berlin 5 p. 100, Görke 38 p. 100.

En Belgique :

Ley[1] signale des troubles de la parole nettement accusés chez 30 à 35 p. 100 des enfants anormaux observés à l'école d'enseignement spécial à Anvers.

Il décompose ce pourcentage comme suit :

1. Dr Ley. *L'arriération mentale.* Bruxelles, Lebègue, 1904.

Blésité pure 12 p. 100 ;
Bégaiement 13 p. 100 ;
Bégaiement et blésité associés 5 p. 100 ;
Mutisme entendant 2 p. 100.

L'enquête scolaire belge s'est occupée séparément des arriérés, des arriérées, des anormaux et des anormales. Voici ce qu'on y découvre :

Chez les arriérés, sur 333 enfants examinés, on signale 65 cas de blésités ou 19,5 p. 100, et 10 cas de bégaiement, ce qui fait un total de 22,5 p. 100 de troubles.

Les arriérées donnent, sur 158 enfants, 23 cas de blésités ou 14,5 p. 100 et 6 cas de bégaiement ou 3,8 p. 100, ce qui fait 18,3 p. 100 de troubles.

Les 122 anormaux examinés fournissent 30 cas de blésités (22,9 p. 100) et 9 cas de bégaiement (7,2 p. 100) formant un total de 30,3 p. 100 de troubles.

Les 33 anormales examinées comprennent 25 enfants présentant des blésités, soit 75,7 p. 100, — si je puis me permettre de donner un pourcent en me basant sur un nombre si peu considérable d'enfants examinées. Il n'y a pas de bègues parmi ces 33 anormales.

Dans la classe mixte d'anormaux de Gand, on relève 68,7 p. 100 de troubles (sur 16 élèves), parmi lesquels 9 cas de blésités (56,2 p. 100) et 2 cas de bégaiement (12,5 p. 100).

B) Troubles de la parole se rencontrant chez les anormaux.

Parmi les troubles de la parole que l'on observe chez les anormaux, il y a lieu de distinguer ceux qui ont *provoqué* une arriération mentale de ceux qui sont le *résultat* d'une faiblesse intellectuelle.

Les premiers sont souvent appelés troubles primaires par opposition aux autres que l'on appelle troubles secondaires.

On conçoit parfaitement que si un enfant de 6, 7 ou 8 ans est resté muet, ou si son langage est incompréhensible, il en résulte un isolement à peu près complet pour l'enfant et que ses facultés ne peuvent prendre le développement qu'elles auraient pu prendre. On conçoit aussi qu'une intelligence très inférieure ne puisse acquérir le langage.

On rencontre chez les anormaux des troubles accusant un retard plus ou moins grand dans le développement de la parole, ce sont notamment :

a) Les différentes formes de mutisme ;

b) L'écholalie ;

c) Les dyslalies, depuis les cas graves d'hottentottisme jusqu'au simple défaut de prononciation ;

d) L'agrammatisme ;

e) L'akataphrasie.

A côté de ces troubles se rapportant à l'intelligence et au *développement* de la parole, il en est d'autres qui affectent plus particulièrement les appareils coordinateurs des syllabes et des mots ; ce sont notamment :

a) Le bégaiement ;

b) Le bredouillement ;

c) L'achoppement syllabique.

C) Mutisme sans surdité.

On observe chez les enfants arriérés des cas de mutisme complet ou quasi complet, sans surdité. Les enfants atteints de mutité sans surdité, lorsqu'ils se présentent à l'école, sont tous des arriérés au point de vue intellectuel.

L'arriération mentale peut être d'ordre primaire, elle peut aussi être d'ordre secondaire et n'être que la conséquence de l'absence de parole.

Voici les principales formes de mutisme sans surdité que l'on peut rencontrer :

a) L'enfant ne parle pas parce qu'il n'a pas d'idées, parce que son intelligence est nulle, parce que ses centres supérieurs d'association ne sont pas développés, c'est le cas pour nombre d'idiots. En général, les muets de cette catégorie sont des apathiques, ils restent des heures entières sans bouger, indifférents à ce qui se passe autour d'eux.

Fig. 31. — Type d'audi-muet. 8 ans.

b) Un certain nombre d'enfants *instables*, dont l'attention est extrêmement mobile, n'arrivent pas à acquérir le langage. Quoique ayant des appareils périphériques en parfait état, des centres cérébraux tout disposés à se développer, des voies centripètes, intercentrales et centrifuges entièrement perméables, ils ne prononcent que quelques monosyllabes et témoignent d'une compréhension de langage tout à fait inférieure. Il manque à ces enfants le pouvoir de concentration de l'attention nécessaire pour que les mots entendus fassent dans le cerveau une impression suffisamment vive.

c) L'enfant est atteint d'*aphasie sensorielle congénitale*. Il entend, mais ne peut associer un sens aux paroles entendues.

d) Le sujet peut avoir une lésion du cerveau gauche

empêchant le centre de Broca de se développer. L'audition, la motilité des organes d'articulation, peuvent être normales. Souvent on constate, à droite, une paralysie du bras, de la jambe ou du côté tout entier. Dans ces cas, les organes d'articulation peuvent également être atteints de paralysie plus ou moins complète.

e) Le sujet peut être muet, parce que ses organes périphériques sont paralysés.

Les centres bulbaires ou les voies qui relient ces centres aux organes de la parole sont troublés. Généralement les enfants atteints de cette manière ont une compréhension de la parole bien développée. Ils font des efforts pour pouvoir s'exprimer, mais ils ne parviennent qu'à émettre les *sons* des différents mots, les *articulations* doivent être devinées.

Les enfants atteints de la *Maladie de Little* (caractérisée par une raideur générale des muscles) ont également un langage semblable à celui que je signale ici.

Education de la parole dans les cas de mutisme sans surdité. — Le traitement à appliquer aux muets non sourds varie nécessairement suivant la cause du mutisme. Pour les enfants de la catégorie *a*, il faudra s'attacher surtout à faire acquérir des notions, à faire fonctionner les sens. Pour ceux de la catégorie *b*, on s'attachera particulièrement à capter et à drainer les attentions visuelles et auditives. Dans les cas appartenant aux catégories *c* et *d*, il faudra provoquer l'établissement, dans le cerveau droit, d'un centre correspondant au centre lésé. On procédera de la manière que je décris ci-dessous, mais on aidera beaucoup le travail en exerçant l'enfant à se servir particulièrement *de la main gauche*.

Dans les cas de la catégorie *e* il faudra faire surtout des exercices du genre de ceux que je décris ci-dessous dans le § 4 : *Éducation systématique des organes et de la fonction d'articulation.*

Avant de procéder à un traitement quelconque, il sera nécessaire d'examiner complètement l'enfant pour déterminer le plus exactement possible la cause du mutisme. Ce premier travail étant fait, il sera facile d'élaborer un traitement approprié, d'après les indications que je donne ci-dessous. Suivant les cas, on insistera plus spécialement sur telle ou telle espèce d'exercices.

1. *Exercices préliminaires.* — Pour éduquer la parole des enfants muets ou atteints de troubles prononcés qui permettent de les assimiler à des muets, il faut, au préalable, développer *l'attention* et particulièrement les attentions *visuelle*[1] et *auditive.*

Des exercices spéciaux seront imaginés à cet effet, qui exerceront les sens de l'ouïe et de la vue, tout en amusant l'enfant. Il faut faire entendre à l'enfant des rythmes variés et l'amener à les imiter ; lui jouer à l'aide d'un instrument de musique ou lui chanter de petites mélodies très simples et très courtes, et les lui faire reproduire, à l'exemple du professeur, en modulant sur une voyelle. Les jeux, tels que rondes (avec musique), les danses simples bien rythmées, seront employés avec succès pour préparer le terrain à la compréhension de la parole. Combinés avec les travaux manuels et avec les exercices d'imitation employés dans les établissements de sourds-muets, ils exerceront également les aptitudes motrices générales et prépareront à l'émission de la parole.

1. Voir notre article : *Education de l'Attention visuelle.* École Nationale (Bruxelles) du 15 juillet 1906.

2. *Il faut exercer la compréhension de la parole et amener le désir de parler.* — On parlera beaucoup à l'enfant en évitant de faire de longues phrases; on appuyera particulièrement sur le mot nouveau que l'on veut faire acquérir et on s'arrangera pour l'employer un nombre considérable de fois. On fera faire des commissions simples, comme chercher une tasse, aller porter un objet quelconque à une tierce personne, etc. On montrera, puis on fera exécuter, au commandement, des séries d'actions empruntées au domaine familier de la vie de tous les jours. On se servira de jeux tels que le « Loto à images » qui n'est qu'un jeu de loto ordinaire dont on a remplacé les chiffres par des dessins représentant des objets, des animaux, des actions, etc. Le double de ces images se trouve sur de petits cartons renfermés dans une bourse. L'institutrice demande : Qui a la chaise ? Qui a la boîte ronde ? Qui a le forgeron qui bat le fer ?... le jeu se continue ainsi tout à fait comme pour le loto ordinaire. Celui qui le premier montre une carte pleine a gagné la partie.

Les exercices de compréhension de la parole doivent être combinés aux exercices d'attention auditive et visuelle. L'instituteur pourra notamment émettre des ordres en mettant la main devant la bouche de façon à ne pas permettre à l'enfant de voir ses lèvres ; il s'adresse ainsi uniquement aux sensations auditives. Réciproquement il parlera en voix chuchotée, à la *muette*, de manière à exercer spécialement l'attention visuelle.

3. *L'éducation de la parole.* — Il ne faut pas attendre que les exercices ci-dessus soient tout à fait épuisés avant de commencer l'éducation de l'émission de la parole.

Il faut exciter par tous les moyens le désir de reproduire

les sons, les mots entendus, et amener l'enfant à se servir de la parole dans un but de communication.

Pour provoquer l'émission des premiers mots, on aura recours aux onomatopées et on ne perdra pas de vue qu'il est plus facile d'émettre une syllabe redoublée qu'une syllabe simple. On procèdera, par exemple, de la façon suivante : On frappera la table de deux coups de marteau. Puis on dira : Avez-vous entendu? le marteau a fait : *pan pan*. Il fait *pan pan*. Je vais encore recommencer ; là, c'est encore *pan pan*. Que fait le marteau?... Pour récompenser l'enfant qui a *tenté* de reproduire par la parole le bruit entendu, il pourra à son tour frapper la table du marteau.

On fera aussi des exercices avec un timbre : *ding, ding*, une petite trompette, un tambour, etc., etc. Lorsqu'il y a possibilité, ou en promenade, on fera imiter le cri des animaux.

On passera ensuite progressivement à l'étude de quelques noms propres désignant les condisciples. Ces noms pourront au besoin être simplifiés et présentés sous forme d'un redoublement de syllabe. On fera appeler successivement tous les enfants par chacun d'eux. On étudiera ensuite les choses appartenant à l'entourage immédiat de l'enfant : ses jouets, les parties de son corps, ses vêtements, les objets dont il se sert fréquemment, etc. Ces groupes de connaissances ne seront pas analysés *successivement ;* il ne peut d'ailleurs pas être établi de plan d'enseignement *ne variatur*, il faudra savoir profiter des événements de la vie de tous les jours, tenir compte des tendances, des goûts des enfants et puiser dans le programme suivant les nécessités ou même les dispositions du moment. Il en sera surtout ainsi pour les verbes d'action auxquels on fera fréquemment appel pour renforcer la connaissance d'un mot et d'une idée, et pour égayer l'enseignement. On passera ensuite à la construction de petites phrases. Si le sujet est fortement arriéré, il faudra suivre tous les stades de l'évolution du langage chez l'enfant. Ses phrases seront construites sans article, sans pronom, sans préposition, etc., et avec des verbes à l'infinitif. Certains anormaux profonds (idiots) ne parviennent jamais à franchir cette forme de langage. Si au contraire le sujet est intelligent, on lui fera construire de petites phrases correctes, toujours associées à une action. Ici encore, on tiendra grand compte du goût des enfants. Un de mes sujets — une petite fille — aimait beaucoup parler en dessinant, — Je lui faisais dessiner, largement, à la craie, et sans prétention artistique, des animaux en carton, des jouets, etc. Je plaçais l'objet devant nous, soit un cheval, puis je lui faisais voir successivement chaque partie du corps de l'animal. Voilà la tête et voilà le corps. Que vas-tu faire d'abord ? Dessine. Que dessines-tu là ? Et maintenant qu'allons-nous dessiner ? etc... En procédant ainsi, l'enfant était active, le langage devenait occasionnel et perdait son caractère sec et aride. C'était de bonne grâce que l'enfant me permettait de faire comparer sa bouche à la mienne dans le miroir que nous avions sur la table et qu'elle répétait plusieurs fois le nom de la chose qu'elle dessinait.

Pour que le langage se développe et soit employé spontanément par l'enfant, il faut obliger celui-ci à se servir des mots qu'il connaît, chaque fois qu'il y a moyen : tous les actes de sa vie donnent ainsi lieu à des revisions et à des leçons occasionnelles de parole. On fera aussi faire des commissions aux enfants, et l'on passera assez vite à l'étude de récitations avec actions. A l'école, on aura soin de donner à l'enfant muet un camarade loquace et sympathique.

4. *Éducation systématique des organes et de la fonction de l'articulation.* — Chez les muets par incapacité fonctionnelle des appareils périphériques, un traitement systématique de l'articulation s'impose. Il sera souvent nécessaire d'assouplir les muscles concourant à l'articulation, soit en opérant des massages, soit en faisant des exercices appropriés. Ces exercices se feront sous forme de jeux d'imitation. On pourra aussi placer un peu de confiture au-dessus de la lèvre supérieure, dans l'une des commissures, etc., et forcer l'enfant à « cueillir » la friandise au moyen de la lèvre inférieure ou de la langue, sans que les doigts puissent intervenir. On pourra faire sucer des bâtons de sucre d'orge graduellement plus minces, etc.

On passera ensuite à des exercices du genre de ceux décrits ci-dessous :

I. — EXERCICES DE LA LANGUE

a) Pousser la langue hors de la bouche ;

b) Pousser et rentrer alternativement la langue ;

c) Lever la langue vers le palais (aide des doigts) ;

d) Pousser la langue à gauche, à droite ;

e) Pousser la langue hors de la bouche et la tenir immobile pendant 2, 3, 4, 5 temps ;

f) Pousser la langue hors de la bouche et soulever la mâchoire inférieure de façon à faire toucher le milieu de la langue par les incisives supérieures, etc., etc.

II. — EXERCICES DES AUTRES ORGANES D'ARTICULATION

a) Gonfler et dégonfler les joues ;

b) Avancer les lèvres en forme de moue ;
c) Mordre la lèvre inférieure ;
d) Mordre la lèvre supérieure ;
e) Avancer les lèvres et les ouvrir en éventail ;
f) Ecarter les commissures des lèvres ;
g) Faire voir les dents en soulevant les lèvres ;
h) Abaisser et soulever la mâchoire inférieure ;
i) Avancer la lèvre inférieure, etc., etc.

III. — PRÉPARATION AUX EXERCICES DE SOUFFLE

Avancer les lèvres, faire sucer des objets ronds d'un diamètre progressivement inférieur, puis soufflette ou pipe. Tous les exercices avec soufflette et bougie.

IV. — EXERCICES DE RÉSISTANCE

a) Le professeur maintient les commissures des lèvres de son élève écartées, et lui donne ordre d'avancer les lèvres en forme de moue ;

b) Le professeur fait tenir les lèvres en avant (moue) et écarte lui-même lentement les commissures.

c) Le professeur maintient la langue de son élève hors de la bouche et donne l'ordre de la faire rentrer. Il ne la laisse aller que progressivement, etc., etc.

Les exercices des § I, II, III, se font par imitation devant un miroir. Chaque fois qu'une difficulté se présente, on peut avoir recours à l'aide des doigts.

Les organes étant parfaitement préparés, on entamera l'étude des sons et articulations. On tâchera ici encore bien plus de suivre les goûts de l'enfant à traiter, que de faire un enseignement systématique. Un des enfants de l'Institut d'Enseignement spécial à Bruxelles (Dr Decroly), rebelle à tout enseignement de la parole, s'est mis à faire quelques progrès quand, abandonnant les exercices, on a fait apprendre à l'enfant le nom des outils dont il affectionne se servir à la menuiserie et au jardinage. Ces noms étaient confus, mais l'enfant s'efforçait réellement de les reproduire le mieux qu'il pouvait.

Seguin[1] a établi quatre règles intéressantes, pour l'éducation systématique de la parole :

a) Il faut enseigner les consonnes avant les voyelles ;

b) Dans l'émission des syllabes, les groupes formés d'une consonne suivie d'une voyelle doivent être articulés en premier lieu ;

c) Les labiales doivent être enseignées avant les autres consonnes ;

d) Les syllabes isolées sont plus difficiles à reproduire que les syllables redoublées.

Il est bon de s'inspirer de ces règles, mais il ne faut pas s'en tenir à des exercices arides élaborés d'après elles. Il faut toujours passer tout de suite à des applications pratiques, même si les mots ainsi émis ne peuvent être exprimés correctement qu'en partie.

Pour l'étude de l'articulation, je renvoie à ce que j'ai dit plus haut à propos des *dyslalies*.

Dans les cas de mutisme plus ou moins complet, pour lesquels le pronostic est mauvais (paralysie bulbaire, etc.) il faut abandonner l'idée de faire acquérir le langage parlé, pour exercer l'enfant au langage écrit. On procédera par images de mots entiers que l'on associera aux objets désignés par ces mots. On procédera également ainsi pour des représentations d'actions de la vie journalière.

1. Édouard Seguin. *Traitement moral, hygiène et éducation des idiots et des autres enfants arriérés*, 1846, p. 400.

Exercices de respiration. — En même temps que l'on exerce les appareils d'articulation, il faut apprendre à l'enfant à respirer. Il y a, pour arriver à ce but, toute une série de jeux. On pourra faire souffler des bulles de savon, des duvets, des bougies, gonfler des sacs de papier, etc. On creusera une rainure dans une latte longue de 2 ou 3 mètres. On placera une bille dans la rainure et on fera souffler sur celle-ci pour la faire rouler le plus loin possible. Pour que le jeu soit plus agréable, on place à un

Fig. 32. — Soufflette.

endroit déterminé de la latte un petit drapeau fixé sur un morceau de liège que la bille viendra renverser, ou encore une petite clochette que la bille viendra faire vibrer. Il existe dans le commerce de petites soufflettes très amusantes pour les enfants : en soufflant dans une busette on fait s'élever en l'air une balle en celluloïd (fig. 32).

Au moyen d'un tuyau de pipe et d'un pois traversé d'une aiguille on pourra faire un instrument très amusant aussi : on tient le tuyau verticalement, on place le pois sur une des ouvertures, on souffle par l'autre, le pois s'élèvera dans l'air, tournera sur lui-même, retombera se fixer par une des extrémités de l'aiguille sur le tuyau de pipe.

D) **Écholalie.**

L'écholalique répète machinalement, comme un écho, sans en comprendre le sens, les phrases, les finales de phrases ou les mots qu'il entend prononcer autour de lui.

Dans l'écholalie, la sensation passe directement du centre auditif au centre moteur, elle n'ébranle aucun centre supérieur.

On observe fréquemment chez les enfants qui apprennent encore à parler une espèce d'écholalie consciente : les enfants répètent les questions qu'on leur pose ; ils emmagasinent de cette manière des images kinesthésiques de mots nouveaux ; il ne faut pas confondre ce procédé d'acquisition avec le défaut de langage dont je veux parler.

L'écholalie est réflexe et inconsciente. Elle est très souvent un signe de faiblesse intellectuelle prononcée. On rencontre des écholaliques parmi les anormaux.

Voici un cas observé par le docteur Maupaté dans un asile d'idiots :

D : Comment t'appelles-tu ? — *R* : Ta pu tu oui. — *D* : Ton nom ? — *R* : Ton nom, oui. — *D* : Comment ? — *R* : Comment. — *D* : T'appelles-tu Marthe ? — *R* : Ma, ça pu oui. — *D* : Quel âge as-tu ? — *R* : As-tu oui.

Dans ce cas il y a en plus de l'embolie réflexe (mot surajouté au cours de la phrase, automatiquement).

J'ai observé dans une classe d'anormaux de Bruxelles un cas très intéressant d'écholalie. L'enfant — âgé de douze ans — présentait surtout des troubles écholaliques pendant qu'il racontait une histoire. Il commençait une phrase avec rapidité, puis s'arrêtait, semblait pensif et répétait comme un écho les deux ou trois derniers mots de sa dernière phrase. Il reprenait soudain son récit, — qu'il avait souvent continué en partie mentalement, ce qui rendait celui-ci incompréhensible, — exprimait avec volubilité une succession de mots, puis s'arrêtait à nouveau, et... répétait en écho les derniers mots prononcés. Toutes ses histoires étaient dites de cette manière. L'écho se représentait régulièrement à la fin de chaque période. Il lui arrivait — mais plus rarement — d'avoir également de l'écholalie pour la parole des autres.

M. J. Noir qui a étudié spécialement la question de l'écholalie, a découvert que parmi les aveugles, intellectuellement faibles, il y avait beaucoup d'écholaliques. Il est arrivé à cette conclusion que les écholaliques non aveugles — cela se comprend pour les autres — seraient dépourvus de mémoire visuelle.

Traitement. — On conçoit facilement que le traitement à appliquer aux écholaliques doit tendre avant tout à développer les facultés intellectuelles en général. En même temps, on cherchera à empêcher que les impressions auditives ne passent directement de S en M (voir schéma p. 23). Au moyen de l'intuition, de l'expérimentation, on associera une idée aux choses entendues ; on amènera ainsi la sensation auditive à passer par la voie S. D. M.; l'écholalie étant sapée dans son essence même : l'inconscience, le réflexe diminuera graduellement jusqu'à cesser complètement.

E) L'akataphrasie et l'agrammatisme.

Les deux troubles dysphrasiques les plus intéressants comme aussi les plus répandus sont l'*akataphrasie* et l'*agrammatisme*.

Dans l'akataphrasie, le sujet ne parvient pas à construire

une phrase conformément à la syntaxe de la langue. Les mots occupent une place anormale.

Dans l'*agrammatisme* le sujet construit ses phrases en faisant abstraction des données grammaticales. Les verbes ne sont pas conjugués, les pronoms, les conjonctions, les prépositions, etc., sont omis.

Ces deux espèces de troubles coexistent généralement chez le même sujet, mais ils peuvent parfaitement se présenter isolément. Il ne faut pas les confondre avec le manque d'instruction.

Le petit enfant qui acquiert le langage, parle d'abord en omettant les articles, les conjonctions, les prépositions, les pronoms, etc., en employant les verbes à l'infinitif, en groupant les mots suivant l'importance relative des idées exprimées. Il ne dit pas : *je voudrais boire du lait*, mais bien : *Jean boire lait*. Les sourds-muets commencent tous par construire leurs phrases de la même manière, et conservent très longtemps des reliquats de ce stade d'évolution du langage.

Chez l'enfant normal ce procédé de langage évolue très vite : grâce aux nombreuses impressions de phrases entières, que l'enfant emmagasine constamment, soit directement, quand on lui parle, soit indirectement, quand on parle près de lui.

Chez tous les enfants, cependant, les choses ne se passent pas aussi facilement. Il en est qui conservent à un âge relativement avancé, voire même toute leur vie, un « langage nègre », comme on dit vulgairement, et qui ne peuvent franchir ce stade. Nous nous trouvons généralement alors en présence de faibles d'esprit. Chez les enfants arriérés, on observe beaucoup de formes mitigées de ce trouble dysphrasique.

Chez certains troublés, le langage prend une allure plus caractéristique. Les mots ne sont pas groupés suivant la syntaxe de la langue, mais ils ne le sont pas davantage suivant la succession des idées. Ils occupent, les uns par rapport aux autres, une place que l'on cherche en vain à s'expliquer. Des troubles de cette espèce peuvent se présenter à la suite de chocs sur la tête, d'attaques d'apoplexie, etc. Ils peuvent aussi apparaître avec le langage. Ils sont toujours l'indice de troubles des centres corticaux de la parole.

Un de mes sujets, âgé de onze ans et demi, d'une intelligence au-dessous de la moyenne, atteint d'un fort bégaiement, présentait des troubles syntactiques fort intéressants. Je transcris ici quelques-unes de ses phrases spontanées, en langue flamande :

En den hoen is weg joege d'ander kikene	En de haan *heeft* de andere kiekens *weggejaagd.*
En esse ni willen ete, ten ete niete	En als hij niet wil *dat zij* eten, dan eten *zij* niet.
En ik es gevald en ne ander kind over ma gevald, en die ander kind es a vel van en arm is af	En ik *ben gevallen,* en een ander kind *is* over mij *gevallen,* en *dat* ander kind *heeft het vel* van den arm af.
En den hoen vlegen willen op mij	En de haan *wou op mij vliegen*
En na ne mieë den hoen terre no de poele ni pikke ne mieë	En nu *durft de haan, de hennen niet meer pikken.*

Cet enfant a été instruit en français et, quoique flamand, il sait mieux lire et écrire le français que le flamand. Voici la description qu'il me fait, en français, puis en flamand, d'une gravure extraite du *Petit Journal* et représentant des Cosaques russes en maraude dans un village coréen.

Mon sujet, sachant que j'observe ses troubles, réfléchit

longuement avant d'écrire une phrase, ce qui lui permet d'être plus correct que d'habitude :

10 juin 1906.

« J'ai vu sur c'est image des cosaques assis sur des grandes chevaux font vite ils ont ses cosaques des lances avec des sabres et des fusils avec ses sacs de cartouches qui pent sur sont dos. Sur ses toits il y a de la neige et des petits maisons et des personnes qui prend la fuite dans leurs maisons et ses somtre (autres) personnes qui reçoit de ses cosaques de leur fouets des cous. Ses cosaques prend avec leur sabres des poules et avec leur lances des cochons des personnes qui est assi sur la glace et il tombe sou les chevaux il me semble qu'il est drôle devoir les uns tombe et les autres qui prend la fuite. ».

Même rédaction en flamand : « Ik sen den paarden looppen aan galop. De mensche wu (weg) looppen van schrijk. Op het taak (dak) is ai (ijs) het gleen (klein) haizen (huizen). Op het bèleke is de coosaques s'ijt (zijn) het grootenpaarden, Zij (zijn) de coosaques laancen een saccen (zakken) op het rug. »

Voici d'autres phrases :

— « Les élèves est méchants, le frère met dans un coin » = Le frère met dans un coin (de la classe) les élèves qui sont méchants.

— « Dans le four est cuire le pain » = on cuit le pain dans le four.

— « Les quatre femmes, elles attachent de ruban de blé aux beaucoups[1] » = les quatre femmes forment des bottes de blé et les lient.

1. Je lui demande : aux beaucoup *de quoi?* — Aux beaucoup *de blé*, répond-il.

— « J'ai vu à la gare du Nord ce kiosque avec ses musiciens qui a la trompette. »

On observe dans ce langage l'omission de beaucoup de petits mots et la transposition d'un grand nombre d'autres. On constate aussi de nombreuses fautes d'accord, de conjugaison, etc. (agrammatisme).

D'un autre sujet, une petite fille de six ans et demi :

— « Une fois ici avec laver, c'est tout rouge » = regarde ici, en me lavant, ma joue est devenue toute rouge.

— « Maman vous a dit tantôt, maintenant reçois une prune » = Maman, vous m'avez promis une prune.

— « Ce petit enfant aussi pas un miroir » = Cet enfant n'a pas non plus un miroir.

— « Oui pisque e dois ettoyer beau » = Oui puisque je dois bien nettoyer.

— « Té bin sage » = J'ai été bien sage.

Traitement. — Pour le traitement à appliquer à l'akataphrasie et à l'agrammatisme, il y a lieu de s'inspirer de la façon dont la mère intelligente apprend à parler à son enfant. Suivant le cas, il faudra entreprendre une refonte plus ou moins complète du langage, de manière à fournir à l'enfant des *clichés de phrases* bien construites, associés à des actions.

On pourra s'inspirer à ce sujet des procédés employés dans l'enseignement des langues vivantes par la *méthode directe*. Les récitations simples qui associent l'action à l'élocution, les petites saynètes pourront aider utilement et agréablement à atteindre le but proposé.

F) La phonasténie.

Le professeur Giulio Ferreri de Rome a décrit un trouble de langage qu'il a baptisé du nom de *phonasténie*, que l'on rencontre chez les enfants anormaux. Ce trouble est caractérisé par une faiblesse et une désarticulation des sons de la parole. Ce trouble ne peut être confondu avec la dyslalie, l'enfant phonasténique sait généralement émettre tous les sons, mais sans énergie suffisante.

TRAITEMENT. — Le professeur Ferreri recommande de faire avec l'enfant phonasténique des exercices de vocalisation en s'inspirant de ce que l'on fait pour les enfants sourds-muets.

BIBLIOGRAPHIE

BOURNEVILLE ET J. BOYER. — Traitement et éducation de la parole chez les idiots et arriérés. *Archives de Neurologie*, juillet 1895, p. 108-120.

BOYER (AUG.). — Du mutisme chez l'enfant qui entend. *Arch. de Neurologie*, 1897, p. 28.

BREITMANN. — Contribution à l'étude de la coprolalie, de l'écholalie et de l'imitation des gestes chez les dégénérés et les aliénés. Thèse de Paris, 1888.

FRENZEL. — Artikulations Unterricht bei geistesschwachen Kindern. *Zeitschrift für Behandlung Schwachsinniger*, 1899, I u. II.

FRENZEL. — Des Sach-und Sprachunterricht bei Geistesschwachen. *Monat. f. d. ges. Sprachheilkunde*, 1904, p. 301.

FERRERI GIULIO. — Di una imperfezione nel linguaggio articolato di alcuni bambini anormali. Rome, 1905.

GUTZMANN. — Des Kindes Sprache und Sprachfehler. Leipzig, 1894.

GUTZMANN (H.) ET JANICKE. — Sprachgehör bei Schwachsinn. *Mon. f. die ges. Sprachh.* 1904, p. 108.

LAVRAND. — Mutité chez les entendants. Bordeaux, 1896.

LIEBMANN (ALB.). — Die Sprachstörungen Geistig Zurückgeblie-bene Kinder. Berlin, 1901.

MAUPATÉ. — Du langage chez les idiots. *Annales médico-psychologiques*. 1901 (n°s 1, 2, 3) ; 1902. (n°s 1, 2, 3).

MEIGE (H.) ET FEINDEL. — Les tics et leur traitement. Paris, 1902. Chapitre : Tics du langage (écholalie, coprolalie).

SÉGLAS. — Les troubles du langage chez les aliénés. Paris, 1892.

WILDERMUTH. — Quelques observations sur les troubles de la parole chez les idiots. *Arch. de Neurologie*, 1885, p. 250.

WINCKLER. — Die Behandlung von Sprachgebrechen in der Hilfsschule. *Mon. f. d. ges. Sprachh.*, 1905, p. 65.

CHAPITRE IX

HYGIÈNE DE LA PAROLE ET PROPHYLAXIE DES TROUBLES DE LA PAROLE

SOMMAIRE. — *Hygiène de la parole et prophylaxie des troubles de la parole.*

Les règles d'hygiène de la parole qu'il sera nécessaire de mettre en pratique pour que les petits enfants acquièrent un langage correct, précis, coulant, sont à déduire à la fois des études sur l'installation du langage et de celles se rapportant aux troubles de la parole. Par ces diverses études, nous savons que :

1° L'enfant apprend à parler par imitation; il entend et voit parler. Les impressions de paroles perçues par les voies auditives et visuelles vont former dans les centres cérébraux des images auditives et visuelles verbales. Ce sont ces images graduellement renforcées par des répétitions et les images kinesthésiques obtenues par les essais d'imitation qui constituent le « fond », le « magasin à mots et à expressions » dans lequel le centre moteur puise.

2° La plupart des troubles de la parole se présentent chez les petits enfants pendant l'acquisition de la parole.

3° Les dyslalies congénitales sont des reliquats des troubles naturels et passagers que l'on observe pendant le développement du langage chez tous les enfants. Ils deviennent de véritables défauts lorsque, pour une raison quelconque, ils perdent leur caractéristique d'être un stade d'évolution et s'ancrent définitivement.

4° Le bégaiement s'installe surtout pendant le premier âge. En général il reste peu prononcé pendant les premières années. Il se développe pendant l'adolescence.

5° Les troubles de la parole peuvent s'acquérir par contamination psychique.

6° Le bégaiement atteint particulièrement les timides, il peut s'installer à la suite de fortes émotions.

7° Les troubles de la parole occasionnent un préjudice très sérieux à la marche régulière des études.

De ces observations on peut déduire de nombreuses indications qui, mises en pratique, pourront aider considérablement au développement de la parole et feront de la bonne prophylaxie des troubles du langage.

1. Il faut meubler le centre de Wernicke de mots et expressions correctes. — *a*) L'exercice des sens visuel et auditif est préalable à toute espèce de langage. Il faut faire percevoir des sensations auditives et visuelles variées. On n'oubliera pas que le sentiment musical s'éveille très tôt chez l'enfant, ce qui facilitera le choix d'exercices auditifs.

On parlera beaucoup à l'enfant en phrases courtes, — sans incidentes, sans inversions — formées de mots simples. Ces phrases seront émises posément, clairement, plutôt lentement et en appuyant sur le mot de valeur.

b) Dans les conversations, on aidera beaucoup la compréhension du langage et l'association de l'idée avec les mots en faisant amplement usage de gestes, d'intonations et de jeux de physionomie. On procédera systématiquement en faisant connaître les êtres et les choses de l'entourage de l'enfant. On ne craindra pas de répéter un grand nombre de fois le même mot, la même expression afin que les images verbales soient bien profondes. Il est indispensable, en parlant à l'enfant, de fixer son attention, chose que l'on pourra obtenir en lui prenant les mains, en le regardant dans les yeux, en jouant avec lui, en variant constamment les conditions de travail et en n'exigeant qu'une petite dose d'attention chaque fois, quitte à revenir très souvent à la charge.

c) Lorsque l'enfant, dans son langage spontané, cherche ses mots ou hésite, on rafraîchira sa mémoire verbale un peu paresseuse en lui avançant les mots rebelles.

d) Lorsque l'enfant aura acquis un trésor de mots et expressions assez considérable, on lui fera de nombreux récits se rapportant à des êtres, à des choses qu'il connaît. En racontant, on répètera souvent les mêmes expressions, on décomposera chaque idée quelque peu abstraite en ses éléments les plus concrets. On ne fera grâce d'aucun détail. On commencera, par exemple, comme suit :

« Jean est un petit garçon de 5 ans. Jean a été bien gentil avec sa maman. La maman de Jean est contente. Elle a parlé de Jean à papa. Papa aussi est très content. Il a embrassé Jean sur les deux joues. Puis il a dit à Jean qu'ils iraient faire une grande promenade. Papa a pris sa canne, a mis son chapeau et a donné la main à Jean. Ils sont partis très loin à la campagne. Jean a vu des arbres, de grands arbres qui montaient très haut dans le ciel. Le vent faisait remuer les feuilles de ces arbres. Papa s'est arrêté et a fait écouter à Jean les feuilles qui faisaient du bruit.

« Alors Jean et son papa sont arrivés dans une grande prairie où il y avait des fleurs bleues, des fleurs blanches, des fleurs jaunes, des fleurs rouges. C'était très joli. Jean a couru dans la prairie et s'est roulé dans le gazon. Puis il a cueilli des fleurs pour sa maman. Il en a fait un gros bouquet. Il a cueilli des fleurs bleues, puis des fleurs blanches, aussi des fleurs rouges et des fleurs jaunes, etc. »

2. Il faut éviter que des expressions vicieuses ne viennent former images dans le cerveau de l'enfant. — *a*) Il faut écarter systématiquement de l'entourage de l'enfant les personnes parlant mal tant au point de vue de l'articulation que de l'élocution. Le mal est surtout grand lorsque l'enfant se trouve au stade d'acquisition de la parole. Le danger n'est cependant pas conjuré lorsque l'enfant a acquis le langage, c'est-à-dire vers l'âge de 4, 5, 6 ou 7 ans..

Des enfants de cet âge ont contracté des troubles sérieux d'articulation sous l'influence de camarades parlant mal.

Mais le danger de contamination psychique est particulièrement sérieux pour le bégaiement et ce, pour les enfants de tout âge.

Il importe donc de veiller soigneusement à ce que les enfants ne soient pas en relation avec des condisciples ayant des troubles de la parole et particulièrement avec ceux ayant du bégaiement.

b) C'est une grossière erreur, fort répandue, hélas, de croire qu'il faille se servir avec l'enfant de mots déformés par lui dans ses essais maladroits d'imitation. Si l'enfant dit un *téon* pour un *crayon*, un *sat* pour un *chat*, un *pitinel* pour un *polichinelle*, il faut lui répéter souvent le mot correct pour exciter son centre moteur à tenter de nouveaux essais d'imitation et non pas adopter ces caricatures de mots pour les employer dans les rapports avec l'enfant. Trop souvent des parents ignorants ou amusés par le côté drôle, pittoresque d'un semblable langage, sont la cause que des défauts s'ancrent à titre définitif et occasionnent plus tard le désespoir de leur enfant.

3. Il faut exciter l'enfant à s'exercer à l'usage de la parole. — *A)* A LA MAISON. — On provoquera le désir de parler chez un enfant, en multipliant autour de lui les impressions de toutes espèces, en s'occupant de lui. Dans les familles nombreuses, cette excitation à la parole se fait dans les jeux divers que les enfants créent sans cesse. Pour l'enfant unique la situation est plus difficile.

Dans les jeux, les promenades, les occupations du jour, il y a beaucoup de sujets capables d'exciter l'intérêt de l'enfant et d'être le point de départ d'une conversation.

En dehors de cela, on pourra faire de nombreux exercices qui seront imaginés pour l'enfant même en tenant compte des nécessités du milieu, de ses goûts et de son caractère.

On pourra, par exemple, montrer et expliquer des gravures, des histoires sans paroles, etc., et faire répéter ensuite les explications par l'enfant. Ces explications seront présentées sous une forme très succincte : l'enfant n'aime pas à s'occuper longtemps d'une même chose. Mais on reprendra les mêmes gravures le lendemain, on invitera l'enfant à conter à son tour et on ajoutera ensuite quelques explications nouvelles.

B) A L'ÉCOLE. — 1° *Jardins d'enfants.* — L'école Frœbel bien comprise est excellente pour provoquer et entretenir le désir de parler. L'éducation des sens y fait l'objet de soins tout particuliers. Les enfants chantent, récitent, sont sollicités à exprimer ce qu'ils voient, ce qu'ils touchent, ce qu'ils manipulent, ce qu'ils entendent, ce qu'ils pensent dans les nombreuses leçons d'intuition et pendant les heures consacrées aux jeux. La joie, la gaîté règnent en maître, dans ces « jardins », et ce sont bien les excitants par excellence à l'extériorisation des sensations et des sentiments, par conséquent à l'usage de la parole.

Malheureusement, nous savons que le jardin d'enfants n'est souvent qu'une garderie dans laquelle, 50, 60, voire 100 et 125 enfants sont placés sous la direction d'une seule institutrice. On peut se faire aisément une idée de ce que devient l'éducation des petits dans de telles conditions de travail. Qu'elle le veuille ou non l'institutrice, pour pouvoir diriger son petit monde, doit établir une discipline sévère et exiger des enfants le *mutisme* le plus absolu. Toutes les sollicitations intimes de l'enfant à l'extériorisation de sa pensée sont arrêtées, étouffées, *il est défendu de parler sans autorisation.* Pour contrebalancer tout le mal que l'on fait ainsi au développement du langage on essaye dans de pénibles leçons à faire assimiler des phrases banales, insipides : *le cheval a quatre pattes !... le chat a une queue !...* etc., qui sont émises successivement par de nombreux élèves et simultanément par toute la classe, avec généralement ce ton chantonnant qui suinte l'ennui et le désintéressement et qu'on a stigmatisé du nom de « *ton d'école* ».

Les parents devraient protester violemment contre le régime appliqué dans ces institutions, lequel ne tient aucun compte des lois du développement de l'enfant.

2° *Ecoles primaires.* — Plusieurs branches du programme d'études ont spécialement pour but d'exercer à l'emploi de la parole courante. Ce sont les leçons d'intuition et de langage et celles de récitation.

a) *Intuition et langage.* — Dans les leçons de langage, le choix des sujets et la manière de les présenter ont une grande importance. Il importe surtout de laisser exprimer par l'enfant toutes ses idées. Le procédé qui consiste à faire répéter par l'enfant chaque mot, chaque phrase émis incorrectement, doit être rejeté parce qu'il arrête l'élaboration des idées, rend la leçon peu attrayante et *tue l'animation*, tout en supprimant tout excitant à la parole. Il est bon cependant de fixer un mot nouveau, une expression correcte dans la mémoire des enfants en le faisant répéter par quelques élèves et aussi par la classe entière. Mais il importe que les impressions auditives, voire visuelles-verbales soient très nettes avant de les faire reproduire et pour cela l'instituteur articulera préalablement lui-même plusieurs fois le mot ou la phrase. C'est d'ailleurs plutôt sous forme d'enseignement occasionnel donné pendant toutes les leçons et à propos de toutes les occupations du jour, que l'instituteur essayera d'augmenter le trésor de mots et d'expressions formant le vocabulaire de l'enfant. Les leçons de langage seront ainsi plutôt un moyen pour l'enfant d'employer les expressions nouvellement acquises et, pour l'instituteur, un moyen de se rendre compte de la manière dont l'enfant parvient à associer ses idées à la parole.

Il faut aussi que l'enfant puisse entendre bien parler et qu'il écoute un langage correct avec attention et pendant un temps assez prolongé. Je ne connais pas de meilleur moyen pour arriver à ce but que de raconter des histoires. Il faudrait que l'instituteur eût un répertoire étendu de récits intéressants du genre de ceux écrits par Em. Leclère[1] et que régulièrement il en racontât à ses élèves, en soignant particulièrement son langage, de manière à ne parler qu'en phrases simples et courtes.

Ces récits, s'ils sont bien présentés, fournissent non seulement à l'enfant toute une série d'expressions et de mots,

1. Contes vraisemblables.

mais ils constituent également un excellent excitant à la parole.

Les élèves se racontent entre eux les histoires qu'ils ont entendues et dans ces récits, ils se servent souvent des phrases mêmes de l'instituteur, qu'ils ont retenues avec les idées.

Aux Pays-Bas à l'horaire des classes de la plupart des écoles, se trouve la rubrique : *Vertellen*, ce qui veut dire : heure consacrée à conter des histoires. Dans certaines classes d'anormaux de La Haye, cette rubrique figure jusqu'à trois fois par semaine.

b) *Récitation.* — Les leçons de récitation peuvent être d'un grand secours pour exercer l'enfant à la parole. Pour cela, les récitations choisies doivent être simples aux points de vue de la forme et du fond.

Pour les petits, il faut surtout associer l'action, le mouvement à la parole et tenir compte de la psychologie de l'enfant [1]. On respectera la personnalité de l'enfant et on s'efforcera de l'amener à créer son rôle, ce qui ne sera guère difficile si les poésies choisies sont conformes à sa mentalité. On se gardera surtout de la récitation simultanée qui uniformise les différentes expressions et qui tue la personnalité dans l'enfant.

Les récitations qui ne mettent pas directement l'enfant en jeu, mais qui lui font raconter une scène quelconque peuvent rendre des services, si les idées découlent naturellement les unes des autres. Il sera facile alors de fixer cette succession d'idées au moyen de quelques croquis.

Si la poésie fait agir directement l'enfant, ou si elle est le

1. Voir Rouma et Van Bleyenbergh. *Brins de vie. Petites scènes à dire et à mimer par les enfants*, 1re série. Avec préface par A. Sluys, directeur de l'Ecole normale de Bruxelles. (Pour paraître incessamment.)

récit d'actions, et si les idées s'emboîtent bien les unes dans les autres, on pourra se passer de faire apprendre la poésie phrase par phrase, en faisant répéter par plusieurs enfants et par toute la classe simultanément jusqu'à ce que la récitation soit connue de mémoire. Ce procédé généralement employé ne répond pas cependant aux desiderata de la science pédagogique. Il engourdit l'intelligence, il la mécanise ; on obtient par cette méthode des récits exprimés automatiquement, presque de façon réflexe. Jamais un enfant ne se servira d'expressions ou de mots emmagasinés de cette façon, jamais il ne parviendra non plus à réciter avec un ton naturel. La récitation ainsi comprise perd les trois quarts de sa portée, elle passe uniquement au rang d'exercice de la mémoire automatique. Une poésie qui convient pour être récitée par les enfants doit pouvoir s'enseigner par idées. La forme qui en est simple se retient sans effort avec l'idée de celle-ci, se fixe par une action ou par le dessin d'une action.

La poésie d'action prise dans la vie de l'enfant est évidemment beaucoup supérieure à la poésie de dessin d'action.

Lorsque le récit est bien présenté par l'instituteur, une grande animation règne immédiatement dans la classe. Les excitations auditive verbale et visuelle motrice (action) sont très fortes et excitent les divers centres moteurs à la reproduction. Ces excitations sont renforcées encore par le fait qu'elles réveillent des associations d'images diverses : la scène jouée est prise à la vie de l'enfant, à ses occupations ; aussi les excitations motrices ne provoquent-elles pas de simples tentatives de reproduction servile, elles raniment ces impressions antérieures, évoquent chez l'enfant des successions d'images de vie intense qui s'harmonisent avec les sensations nouvellement perçues et l'amènent dans la récitation à *créer* un rôle conforme à lui-même et par conséquent à l'exprimer naturellement [1].

4. Il faut toujours associer la notion au mot nouveau. — Les mots n'ont aucune valeur par eux-mêmes, ils ne sont que des étiquettes placées sur des notions ou sur des collections de notions. Il est donc absolument nécessaire que les mots nouvellement acquis par un enfant aient pour lui l'acception la plus précise possible. On s'efforcera donc pour chaque mot nouveau à multiplier les ordres d'impressions qui fourniront la notion.

5. Il faut former le caractère des enfants.

On sait que le bégaiement s'installe de préférence chez les timides et se développe précisément en rapport direct de l'augmentation de cet état de timidité et de manque de confiance en soi.

Il est donc nécessaire de faire l'éducation de la volonté chez l'enfant en lui laissant, dès son jeune âge, éprouver autant que possible, les conséquences naturelles de ses actes; en développant son état physique par des jeux, des courses, des promenades; en agissant toujours logiquement avec lui.

D'autre part, on mettra l'enfant à l'abri des influences pernicieuses que peuvent exercer le merveilleux, le surnaturel sur son âme tendre et molle, prédisposée aux empreintes de cette espèce par une hérédité de 20 siècles de superstition.

1. Ce processus observé cent fois dans des classes où le maître s'efforce de respecter la personnalité de ses élèves, ne s'observe plus dans les classes où les enfants transformés en automates, pensent et agissent sur l'ordre du maître et dans la direction imposée par lui.

6. Il faut s'occuper des enfants troublés de la parole le plus vite possible.

A côté des règles d'hygiène générale du langage énoncées ci-dessus, surtout applicables aux enfants normalement constitués, il y a lieu d'établir également quelques indications dont on s'inspirera pour les enfants en retard ou troublés de la parole.

A. A LA MAISON. — *a*) Dès sa deuxième année, si un enfant ne parle pas, il y a lieu de s'en inquiéter et d'aller consulter un spécialiste qui recherchera la cause du retard ou de l'absence de langage et donnera éventuellement les indications nécessaires.

b) Dans tous les cas de langage troublé, anormal, pénible, il faut consulter une personne compétente, le plus vite possible.

c) Il y a lieu de s'inquiéter des premières manifestations de bégaiement que l'on rencontre chez un enfant. Ce sont généralement des répétitions, des arrêts plus ou moins prolongés devant certaines lettres, telles que *k*, *t*, *d*, etc.

d) Si un enfant donne à son langage un timbre plus ou moins nasal, s'il ronfle et tousse la nuit, s'il a une tendance à respirer par la bouche, il y a lieu de le faire examiner par un spécialiste des maladies du nez et de la gorge, qui découvrira probablement des végétations adénoïdes.

En appliquant les règles d'hygiène de la parole données ci-dessus, on arrêtera facilement le mal naissant.

B. A L'ÉCOLE. — **1**. Pendant les premiers jours de classe, l'instituteur prendra contact avec ses élèves, captera leur confiance. Il les fera ensuite causer et tiendra note dans un cahier spécial de tous les troubles observés chez chacun de ses élèves. Il notera les mots, les phrases tels qu'ils ont été émis. Son investigation portera sur chacun des points suivants :

1° Etat physique des organes : dents, palais, lèvres, etc.

2° Capacité fonctionnelle des organes : langue, lèvres, etc.

3° Etat de l'audition.

4° Analyse du langage imité.

Faire répéter par l'enfant un grand nombre de mots dans lesquels entreront toutes les articulations.

On pourra notamment s'inspirer de la liste ci-dessous :

p : papa, poupée. — *t* : tapis, pâté. — *k* : coq, couteau, coucou. — *b* : balle, bosse, bébé. — *d* : dos, dormir. — *g* : gomme, goutte. — *f* : femme, farine. — *s* : soupe, saucisse. — *ch* : chat, mouchoir, chercher, sachet. — *v* : vis, voiture. — *z* : oiseau, musique. — *j* : jatte, Jeanne. — *l* : lune, Louis. — *r* : roue, courir. — *m* : maman, mouton. — *n* : noix, âne. — *pl* : pliage, plume, pleuvoir. — *pr* : promenade, prune. — *fl* : fleur, flûte. — *fr* : fromage, fruit. — *bl* : tableau, tablier. — *br* : brique, arbre. — *vl* : vlan. — *vr* : ouvrier, genièvre. — *tr* : tram, trou. — *cl* : cloche, clé. — *dr* : drapeau, droite. — *gl* : règle, glace. — *cr* : cravate, encrier. — *gr* : gravure, nègre. — *an* : maman, méchant. — *on* : nom, charbon, hanneton. — *un* : lundi, chacun. — *in* : épingle, singe, lapin.

Faire si possible réciter l'enfant.

5° Analyse du langage spontané.

a) Montrer une série d'objets usuels dont l'élève doit dire le nom.

b) Faire répondre à des questions posées. — Ces questions porteront sur l'enfant lui-même, sur sa famille, sur la classe, etc.

c) Faire raconter une histoire. — Faire expliquer une gravure. — Observer surtout la construction des phrases.

6° Observer l'état de la fonction respiratoire pendant l'émission de la parole, le torse nu si possible, mesurer la capacité respiratoire en faisant souffler dans un spiromètre ou en mesurant le torse : 1° au repos ; 2° pendant une forte inspiration, et en cherchant la différence entre les deux résultats obtenus.

7° Observer la coordination des voyelles et consonnes, des syllabes.

2. L'instituteur, d'après les notes prises sur ses élèves, déterminera ensuite :

1° Quels sont ceux qui ont besoin d'être examinés par un médecin spécialiste des maladies du nez et de la gorge parce qu'il y a présomption de végétations adénoïdes.

2° Quels sont ceux qui, fortement troublés de la parole, ont besoin d'être traités d'une façon toute spéciale dans des cours appropriés.

3° Quels sont ceux qui ont une capacité respiratoire absolument inférieure et doivent être soumis à un régime tonifiant et à des exercices spéciaux de respiration.

4° Quels sont ceux qui ont un langage troublé ou incomplet et qui pourraient être corrigés en classe.

3. Je voudrais ensuite que l'instituteur de la classe inférieure pût, pendant les 3, 4, 5 ou 6 premiers mois de l'année, faire uniquement des exercices d'élocution combinés à des jeux, de l'observation, des excursions, du dessin, des travaux manuels, des exercices des sens.

L'instituteur corrigerait les troubles légers d'articulation et dresserait les enfants à exprimer leurs idées en phrases correctes. Cette façon de préparer les facultés des enfants, présente à mon sens, de très grands avantages, et notamment celui de ménager une transition entre le régime du Jardin d'enfants et celui trop différent de l'école primaire.

4. L'instituteur serait préparé à faire le travail dont je parle aux § *a*, *b*, *c*, par des cours théoriques et pratiques donnés soit à l'Ecole normale, soit directement aux instituteurs en place.

5. Une policlinique ambulante composée d'un médecin spécialiste des maladies de la gorge et du nez, d'un chirurgien dentiste et d'un professeur d'orthophonie se rendrait, à des jours et heures déterminés, successivement dans chaque école pour examiner tous les cas considérés par les instituteurs comme difficiles et douteux.

Le principe de cette clinique ambulante a déjà été préconisé par Winckler de Brême, dans un travail paru en 1905.

CHAPITRE X

ORGANISATION DES COURS SPÉCIAUX POUR TROUBLÉS DE LA PAROLE

SOMMAIRE : *Organisation des cours spéciaux pour troublés de la parole.*

Dans différents pays étrangers, on a essayé divers systèmes de cours spéciaux pour traiter les enfants troublés de la parole, ce sont notamment :

a) Des cours fonctionnant toute l'année après les heures consacrées aux études ordinaires. Ce type a été adopté par diverses villes allemandes. C'est aussi celui qui est suivi à Bruxelles dans les trois écoles ayant un cours d'orthophonie.

b) Des cours fonctionnant à la dernière heure de classe de la matinée (de 11 heures à midi) tous les jours pendant les deux premiers trimestres de l'année scolaire. C'est à Berlin que ce type a été créé et mis en pratique pour les écoliers bègues. Chaque cours est mixte et dessert plusieurs écoles d'un même cercle scolaire.

c) Des cours fonctionnant pendant les vacances. Ce type essayé à Zurich et reconnu excellent en principe, a été abandonné parce que la période des vacances est trop courte pour obtenir des résultats complets.

d) Des classes spéciales pour troublés de la parole. C'est à Zurich qu'on a étudié cette idée. La difficulté de réunir en un local central les élèves habitant tous les points de la ville, la différence d'âge et d'intelligence des enfants proposés ont fait abandonner le projet.

e) Des colonies de vacances. C'est à Zurich qu'a été innové ce système. La commission d'hygiène ayant remarqué que beaucoup, parmi les écoliers bègues, étaient des débiles, des nerveux, des scrofuleux, des anémiques, proposa d'instituer à l'essai une colonie de vacances pour traiter les écoliers bègues. Le Zentralschulpflege ayant approuvé la proposition, une colonie comprenant 17 garçons et 4 filles fut aussitôt organisée. Voici quelques lignes que j'extrais du rapport de l'institutrice chargée de la direction de la colonie :

« Notre classe était la belle forêt. Nous nous y rendions tous les jours après avoir déjeuné. Nous faisions nos exercices respiratoires, puis nos exercices de langage. Lorsque nous étions fatigués, nous nous couchions sur la mousse, et puis nous organisions des jeux, des courses... »

Les exercices spéciaux de langage et de respiration furent ici précieusement renforcés par le grand air, la nourriture saine et abondante, la gaîté ; aussi les résultats finals furent-ils tout à fait brillants.

f) Un institut central pour troublés de la parole. C'est le Danemark qui a créé cet organisme dans sa capitale en 1898. Les écoliers bègues du pays entier, âgés de plus de dix ans, peuvent y être reçus gratuitement.

Ils y suivent, par groupes de dix élèves au maximum, un traitement qui dure un mois : 60 p. 100 environ des bègues qui y sont traités sortent guéris, 22 p. 100 sont améliorés.

Cet institut comprend également une division pour le traitement des divers vices du langage, tels que audimutité, hottentotisme, etc.

i) Des instituts centraux du type externat. Ces établissements viennent d'être créés à La Haye (Pays-Bas). Les enfants désignés pour suivre un traitement reçoivent des leçons spéciales dans le local approprié, à certaines heures du jour. Pour éviter les déplacements trop considérables de certains enfants habitant aux confins de la ville, l'administration communale a divisé la cité en deux parties et au centre de chacune de celles-ci, elle a fait bâtir un petit institut.

* * *

Ces divers types d'organismes montrent que la question est extrêmement complexe, qu'on peut la voir sous des aspects très différents et chercher à la résoudre par des moyens divers.

En général chacun de ces systèmes n'a envisagé qu'un seul côté de la question et l'œuvre réalisée reste incomplète.

L'élaboration d'un système complet pour le traitement des troubles de la parole doit tenir en considération toute une série de facteurs extrêmement importants, parmi lesquels on peut citer :

A. **La diversité des troubles de la parole**. — Le bégaiement ne peut être traité de la même manière que le bredouillement ; l'agrammatisme ne s'accommode guère des méthodes de traitement des dyslalies mécaniques ; l'audi-mutité, l'akataphrasie et l'hottentotisme demandent un traitement toujours très long qui ne peut être pratiqué dans des cours temporaires ; etc.

B. **Le degré de gravité des troubles à traiter**. — A côté des troubles graves, il est un grand nombre de troubles légers qui méritent qu'on s'en occupe, ne serait-ce que parce qu'ils peuvent s'aggraver.

Le bégaiement va depuis les simples hésitations sur certaines consonnes, la répétition de la syllabe initiale, jusqu'aux crampes toniques des muscles respirateurs, articulateurs et phonateurs les plus violentes, se présentant à chaque essai de langage spontané et rendant la conversation impossible.

On ne peut raisonnablement soumettre au même traitement ces différents types de bègues.

Les blésités ou dyslalies peuvent être simples et ne s'adresser qu'à une seule consonne ; elles peuvent aussi être cumulées par le même sujet, de manière à rendre son langage totalement incompréhensible (hottentotisme).

Le traitement qui convient aux dyslalies simples ne peut, en aucune façon, s'adapter aux cas d'hottentotisme.

C. **L'ignorance des parents, leurs préjugés.** — Lorsque les parents sont instruits et intelligents et qu'ils ont le temps de se consacrer à leurs enfants, on aurait grand tort de refuser leur concours qui constitue généralement un appoint de tout premier ordre pour la bonne réussite du traitement des troublés de la parole.

Quelques démonstrations, des conseils, des leçons modèles... et la maman sera transformée pour son enfant en professeur idéal, dont la persévérance et le dévoûment ne pourraient être égalés.

Mais dans les milieux ignorants et frustes, il n'en est pas de même. Trop souvent, j'ai pu me rendre compte que le zèle de la maman ignorante était néfaste et avait un résultat malheureux sur la marche du traitement commencé.

Il arrive aussi — dans certains milieux plus souvent qu'on ne serait tenté de se l'imaginer — qu'il est nécessaire de sauvegarder les droits de l'enfant, méconnus par les sots préjugés des parents.

Ces âmes simples résolvent les problèmes les plus compliqués avec une désinvolture qui ne s'explique que par une ignorance profonde. Parmi les préjugés généralement répandus dans le peuple au sujet des troublés de la parole, je citerai :

Le bégaiement ne peut se guérir, car il est causé par une langue trop épaisse.

Les troubles de la parole sont causés par une mobilité insuffisante de la langue : le frein doit être coupé pour obtenir une amélioration quelconque. Tout autre traitement serait pour le moins inutile.

Les conséquences de cette façon de voir se devinent aisément :

Ou bien, les parents permettent à leurs enfants troublés de la parole, de suivre les cours spéciaux institués dans les écoles, mais ne font rien pour aider au traitement ; ils considèrent les résultats de ce traitement avec scepticisme ; souvent même, ils raillent l'enfant occupé à s'exercer à haute voix, à la maison.

Ou bien, les parents s'opposent nettement à ce que leur enfant suive un cours spécial, sous prétexte que c'est là du temps perdu, le bégaiement étant, à leur avis, incurable [1].

1. Dans une école populaire de Bruxelles, un père (manœuvre maçon) a menacé l'instituteur de retirer son enfant de l'école s'il persistait à faire suivre à celui-ci le cours d'orthophonie installé à l'école. Ce père alléguait qu'il avait un ami, bègue depuis toujours, lequel avait été consulter plusieurs médecins à l'hôpital ; ceux-ci lui avaient donné quelques conseils qui n'avaient, d'ailleurs, produit aucun résultat.
Il en concluait que le bégaiement est incurable.

D. **La misère matérielle de la famille**. — Dans les milieux populaires, des familles entières composées du père, de la mère et de 5, 6, 7, 8 enfants, quelquefois davantage, ont pour tout logement une chambre unique qui sert à la fois de cuisine, de chambre à coucher, etc. Il est impossible aux petits bègues en traitement de s'isoler pour s'exercer, dans le sens indiqué, aux leçons spéciales.

E. **La misère physiologique des enfants**. — Les enfants des classes pauvres se trouvent souvent dans une misère physiologique qui, tout en aggravant les troubles de la parole, empêchent toute guérison. On se rappelle que c'est la constatation de cette misère physiologique de certains sujets bègues qui avait amené le *Zentralschulpflege* de Zurich à installer ses cours de traitement pour les bègues, dans une villa située en pleine nature, dans les montagnes.

F. **L'incompétence des instituteurs**. — Les instituteurs devraient pouvoir aider le travail du professeur d'orthophonie. Il importe d'agir avec les enfants en traitement d'une certaine manière et pas autrement. Il faut aussi que, pour les blésités par exemple, l'instituteur puisse se rendre compte que l'enfant se conforme bien aux notions acquises au cours spécial.

L'enfant suivit pourtant le cours, mais le père, les frères et les sœurs ne se lassèrent pas de contrefaire le pauvret occupé à ses exercices.

Un autre père écrivit une lettre cavalière à l'instituteur quand celui-ci essaya d'obtenir les données nécessaires à la rédaction des feuilles de renseignements. Il s'opposa également, sans donner aucune raison, à ce que son fils suivît le cours spécial.

En Belgique, l'instruction obligatoire n'existe pas encore.... Je ne sais si de semblables procédés sont enregistrés là où l'obligation scolaire est en vigueur.

*
* *

Il serait donc nécessaire d'élaborer un ensemble d'organismes parfaitement solidaires, de manière que tous les troublés puissent recevoir un traitement en rapport avec la gravité de leur défaut. Voici comment je comprendrais la chose pour une grande ville.

a) Un cours théorique, clinique et pratique d'orthophonie serait donné aux normaliens[1] et aux normaliennes. Ce cours pourrait être également organisé pour les instituteurs et institutrices en fonctions.

Les membres du personnel enseignant étant ainsi préparés, pourraient s'occuper efficacement de la correction des troubles légers. Ils pourraient également user de mesures prophylactiques et soigner tout particulièrement l'hygiène du langage chez leurs élèves.

Dans le but de leur faciliter cette tâche, il leur serait remis un petit traité pratique abondamment illustré où ils trouveraient toutes les indications nécessaires.

b) Les troubles plus sérieux tels que dyslalies prononcées, bégaiement léger, etc., qui demandent des soins plus particuliers, seraient traités dans des cours spéciaux donnés avant ou après la classe.

Pour permettre une classification des élèves suivant la nature de leurs troubles, ces cours seraient établis de telle manière qu'ils pourraient desservir plusieurs écoles.

c) Les parents des élèves à traiter seraient convoqués un

1. Ce cours existe à l'École normale communale de Bruxelles, à l'école normale provinciale de Charleroi. La Ve conférence belge pour l'amélioration du sort de l'enfance anormale, tenue à Bruxelles le 28 octobre 1906, a émis un vœu en faveur de la création dans toutes les écoles normales, d'un cours d'orthophonie.

jour déterminé (dimanche matin, un soir de la semaine.)

Le professeur d'orthophonie donnerait, à ces parents, une ou plusieurs conférences présentées d'une manière très simple, sur les troubles de la parole, leurs causes, les moyens de les guérir, la conduite des parents envers les enfants troublés, pendant et après le traitement.

Il serait également remis aux parents, un imprimé résumant les conférences.

d) Les enfants atteints d'hottentotisme (langage incompréhensible par l'accumulation des troubles d'articulation) facilement reconnaissables à leur entrée à l'école, seraient placés dans des classes spéciales mixtes dans lesquelles, tout en s'occupant de l'éducation en général, on pourrait améliorer rapidement et définitivement le langage. Un séjour de un à deux ans, dans ces classes de langage, suffirait dans la grande majorité des cas. Il existerait donc une première et une deuxième année de langage après lesquelles les enfants traités seraient placés dans les écoles ordinaires.

Ces classes spéciales de langage pourraient être créées sans occasionner de frais; elles éviteraient à nombre d'enfants intelligents de doubler et tripler leur classe ou d'être placés dans des classes d'arriérés.

Déjà, au Jardin d'enfants, on pourrait songer à organiser des sections dans lesquelles on s'occuperait d'améliorer le langage des enfants au moyen de jeux appropriés.

e) Une section primaire complète spéciale serait créée pour les enfants durs d'ouïe, entendant trop bien pour être placés dans des instituts de sourds-muets, n'entendant pas assez pour suivre, avec tous les fruits désirables, les écoles ordinaires. L'organisation des classes spéciales pour durs d'ouïe fonctionnant à Berlin, constitue un modèle dont il y aurait lieu de s'inspirer. L'enseignement qui convient aux durs d'ouïe s'adresse plus particulièrement au sens de la vue, tout en cherchant par des exercices appropriés à améliorer la perception auditive des élèves.

f) Un institut central d'orthophonie recevrait les bègues gravement atteints ainsi que tous les cas de troubles de la parole qui ne pourraient trouver, dans les organismes ci-dessus, les soins nécessaires à leur état spécial.

A cet institut serait annexé un laboratoire d'orthophonie et de phonétique expérimentale, une consultation médico-pédagogique publique pour enfants en retard dans le langage et pour les troublés de la parole en général.

Cet institut servirait d'école d'application pour les instituteurs qui voudraient devenir professeur d'orthophonie et diriger les cours spéciaux qui fonctionneraient dans chaque école primaire. Des diplômes spéciaux seraient délivrés à cet effet.

Les instituteurs en fonction pourraient suivre des cours théoriques et pratiques organisés le jeudi après-midi, le dimanche matin ou les autres jours après 4 heures.

La direction de cet Institut serait médico-pédagogique, les directeurs organiseraient et contrôleraient tous les autres organismes.

g) La direction de l'institut central organiserait *régulièrement* dans les écoles primaires supérieures (particulièrement celles réservées aux jeunes filles), dans les cours d'adultes (de préférence les cours d'adultes pour filles), dans les écoles professionnelles, les universités populaires, etc., des conférences démonstratives ayant pour but de faire connaître les phases de développement du langage chez l'enfant, les mesures prophylactiques à prendre contre les troubles de la parole, la nature des troubles et les moyens de les traiter.

Ces conférences seraient données par les jeunes stagiaires (instituteurs diplômés) faisant leurs études pour conquérir le diplôme de professeur d'orthophonie.

h) Dans les cas de misère physiologique des sujets, constatés par des médecins, le traitement spécial des troubles et particulièrement le traitement du bégaiement devrait être précédé, accompagné et suivi d'un traitement tonifiant général. A cet effet, ou bien les petits miséreux seraient reçus à titre de pensionnaires à l'Institut Central, ou bien il serait fait des distributions de médicaments reconstitutifs (huile de foie de morue, sirop de Vannier, etc.), des distributions régulières d'aliments bien préparés (cantines scolaires) et des distributions de vêtements.

* * *

Cet ensemble d'organismes s'emboîtant les uns dans les autres, placés sous une direction unique, serait de nature à combattre efficacement tous les troubles de la parole se rencontrant chez les écoliers.

Il serait aisé d'extraire de l'ébauche ci-dessus le plan d'une organisation plus vaste s'adaptant aux nécessités de tout un pays.

Je tiens à rappeler[1] en terminant, que les troubles de la parole sont une cause générale de retards dans les études qui se chiffrent dans certains cas par 2 et 3 années ; que les troubles de la parole sont une source de souffrances morale pour les enfants qui en sont atteints, qu'ils sont une cause de déformation du caractère ; que, en général, les troubles de la parole ne *disparaissent pas avec l'âge*

1. Voir mon « Enquête scolaire sur les troubles de la parole chez les écoliers belges ». *Les Archives d'Hygiène scolaire*, II Band. p. 151-189.

et que dans la plupart des cas de bégaiement on constate, au contraire, une aggravation très sérieuse, au cours de la période de fréquentation scolaire. En présence de ces considérants la nécessité impérieuse de la création de ces organismes, peut-elle encore être discutée ?

Où donc est le devoir des administrateurs si ce n'est dans la recherche constante des améliorations à apporter au bien-être de leurs administrés. Leur dignité d'homme et leur responsabilité de mandataire public s'opposent à ce qu'ils restent indifférents en face d'un mouvement aussi considérable alors que les moindres essais qu'ils tenteront pourront diminuer des souffrances humaines et améliorer des existences.

J'ai le ferme espoir que dans un avenir rapproché, les troublés de la parole éloquemment défendus dans les différents pays, par les médecins, par les instituteurs, par la presse médico-pédagogique, par la presse quotidienne, verront se créer pour eux les organismes qui pourront leur rendre, libre de toute entrave, l'usage de la plus noble des facultés humaines.

BIBLIOGRAPHIE

Pour détails complets et revue générale des institutions pour troubles de la parole en Europe, voir :

Rouma Georges. — L'organisation de cours pour troublés de la parole. *Archives Internationales d'Hygiène scolaire*, (Engelmann à Leipzig), III Band, 2 Heft, 1906, p. 116-170.

RÉCENTES PUBLICATIONS

Leçons de morale fondées sur l'histoire des mœurs et des institutions, par A. Rey, professeur agrégé de philosophie au lycée de Beauvais, et H. Dubus, instituteur adjoint à Marissel (Oise). 1 vol. in-18, cartonné . . . . 2 fr. 50

Cet ouvrage forme un **Cours complet de Morale** dont les **Lectures morales**, ci-dessous annoncées, constituent pour ainsi dire *l'application*. Ces trois ouvrages se complètent l'un l'autre.

Lectures morales, *Morale individuelle*, par G. Chatel, professeur agrégé au lycée de Rennes. 1 vol. grand in-18, cartonné à l'anglaise. 3e *édit.* . . . . 2 fr. 50

Lectures morales, *Morale sociale*, par le *même*. 1 vol. grand in-18, cart. à l'anglaise. 2e *édit.* . . . . 3 fr. »

Cours de morale théorique et pratique, par L. Dugas, docteur ès lettres, professeur agrégé de philosophie au lycée de Rennes :

I. — **Morale théorique** : 1. La morale, objet, méthode, caractères et divisions. — 2. La Conscience. — 3. Le Bien. — 4. Morale du sentiment. — 5. Le Devoir. — 6. Le devoir et le bonheur, la perfection individuelle et le progrès de l'humanité. — 7. La Responsabilité morale. — 8. La Solidarité, extension de la responsabilité. 1 vol. in-8° broché . . . . 1 fr. 50

II. — **Morale pratique** : 1. Morale individuelle. — 2. Morale sociale. — 3. Morale domestique. — 4. Morale civique. 1 vol. in-8° broché. . . . . 3 fr. 50

Les deux volumes réunis en un seul, broché. . . . . 5 fr.

Leçons de morale théorique et Notions historiques, par Mlle Ancel, directrice du collège de jeunes filles de Troyes, et L. Dugas, docteur ès lettres, professeur agrégé au lycée de Rennes. 1 vol. in-18, broché. . . . . 3 fr. »

Extraits des prosateurs et poètes des XVIe, XVIIe, XVIIIe et XIXe siècles, par Mme J. Sévrette et H. Aubert, professeurs au collège de Melun. 1 vol. in-18 avec notes, cart. anglais à biseaux . . . . 5 fr. »

La Morale en action d'après Plutarque. *Préceptes et exemples.* Ouvrage inédit de Mme Jules Favre, avec son portrait au frontispice, précédé de discours de MM. Chantavoine, Lemonnier, Joseph Fabre, et d'une étude de Mlle Louise Belugou, présidente de l'Association des Sévriennes, directrice de l'Ecole normale supérieure de Sèvres, sur la vie et l'œuvre de la fondatrice de l'Ecole normale supérieure. 1 vol. in-18, broché.

(*Paraîtra en octobre 1907*).

Un éducateur moderne (*Jean-Frédéric Oberlin*, 1740-1826). Essai pédagogique, par Edmond Parisot, docteur ès lettres, professeur de philosophie. Un volume in-8, broché, 2e *édition*. 5 fr. »

La psychologie des Ecoliers, *Etude médico-pédagogique*, par le Dr Jean Philippe, chef des travaux au *Laboratoire de psychologie physiologique à la Sorbonne*, directeur de l'**Éducateur moderne**, 1 brochure in-8° . . . . 0 fr. 60

Notions d'hygiène féminine populaire, *l'adolescente*. (Ouvrage réservé aux mères et institutrices), par le Dr René Martial. 1 vol. in-18 broché, avec une préface de M. Jeannot, inspecteur de l'Enseignement primaire à Paris . . . . 2 fr. »

En famille. *Etude sur les premières [illegible]es de l'Enfant*, par le Dr Th. Caradec, directeur de la revue *La Mère et l'Enfant*, 1 volume in-18 broché . . . . 2 fr. »

Lettres à un jeune homme qui veut étudier la médecine, par le Dr Dumas de Lédignan, 1 brochure . . . . 0 fr. 60

Vers l'Éducation nouvelle. *Etude sur l'organisation et les réformes de l'Enseignement technique*, par L. Modeste Leroy, vice-président du Conseil supérieur de l'Enseignement technique, député de l'Eure, 1 vol. in-18, broché . . . . 3 fr. 50

Dans le monde des animaux, *Scènes de la vie intellectuelle et morale des Bêtes*, par G. Labadie-Lagrave, 1 vol. in-8° raisin avec gravures, broché. . . . . 5 fr. »

Comment élever la démocratie? *Esquisse d'un programme d'éducation sociale*, par E. Deries, Inspecteur d'Académie de la Manche, lauréat de l'Académie des sciences morales et politiques. 1 brochure in-8° . . . . 0 fr. 75

L'expression du rythme mental dans la mélodie et dans la parole, par H. Goujon, principal du collège d'Avranches. 1 vol. in-8°, broché. . . . . 5 fr. »

Les effacées, *Etude psychologique de la jeune fille dans la société contemporaine*, par Marthe Boutry, professeur agrégé au lycée Racine. 1 vol. in-18, broché . . . . 3 fr. 50

Essai sur l'atomisme et l'occasionalisme dans la philosophie cartésienne, par Joseph Prost, docteur ès lettres. 1 vol. in-8°, broché. . . . . 5 fr. »

La philosophie à l'Académie protestante de Saumur (1606-1685), par Joseph Prost. 1 vol. in-8°, broché . . . . 4 fr. »

ÉVREUX, IMPRIMERIE CH. HÉRISSEY ET FILS

TABLE DES MATIÈRES

CHAPITRE PREMIER

L'IMPORTANCE DE LA PAROLE ARTICULÉE POUR LE DÉVELOPPEMENT DE L'INTELLIGENCE

CHAPITRE II

L'APPAREIL PÉRIPHÉRIQUE DE LA PAROLE ARTICULÉE

CHAPITRE III

LE MÉCANISME INTELLECTUEL DE LA PAROLE ARTICULÉE

CHAPITRE IV

CLASSIFICATION DES TROUBLES DE LA PAROLE

CHAPITRE V

LES TROUBLES IMPRESSIFS

CHAPITRE VI

LES DYSLALIES

CHAPITRE VII

LE BÉGAIEMENT

CHAPITRE VIII

LES TROUBLES DE LA PAROLE CHEZ LES ENFANTS ANORMAUX

CHAPITRE IX

HYGIÈNE DE LA PAROLE ET PROPHYLAXIE DES TROUBLES DE LA PAROLE

CHAPITRE X

ORGANISATION DE COURS SPÉCIAUX POUR TROUBLES DE LA PAROLE

ÉVREUX, IMPRIMERIE CH. HÉRISSEY ET FILS

L'ÉDUCATEUR MODERNE

DEUXIÈME ANNÉE 1907

Hygiène scolaire. — Éducation physique. — Biologie et Pédagogie. Enfants anormaux.

Directeurs : Dr JEAN PHILIPPE, chef des travaux au laboratoire de psychologie à la Sorbonne; Dr G. PAUL-BONCOUR, ancien interne des hôpitaux, médecin du service biologique à l'école de préservation Th. Roussel (Montesson, S.-et-O.).

Honoré d'une souscription du Ministère de l'Instruction publique

L'Educateur moderne paraît le 15 de chaque mois, sauf en août et septembre, par fascicules de 48 pages. Il publie des mémoires originaux dus à la collaboration de spécialistes compétents, français et étrangers. Il donne en outre des analyses et comptes rendus de Livres et Revues consacrés aux questions d'éducation sous toutes leurs formes. Il tient aussi ses lecteurs au courant des travaux des Sociétés savantes qui s'occupent spécialement de pédagogie, de psychologie, d'assistance aux enfants anormaux, de jurisprudence et d'hygiène scolaires.

Abonnements { Un an : Paris et Départements : 10 fr.; Etranger : 11 fr.; Le numéro : 1 fr. 25

Le programme de cette *Revue* peut paraître, selon le point de vue, fort simple ou très ambitieux, puisqu'elle s'occupe de toutes les questions d'éducation.

On y trouve, par conséquent, des études, des faits, des documents, des bibliographies et des comptes rendus sur tout ce qui concerne :

1° L'Education physique, l'Hygiène scolaire et la Biologie infantile;

2° L'Education intellectuelle, celle de la Volonté et la Psychologie de l'enfant ;

3° La Pédagogie des Anormaux à tous les degrés.

Rien de ce qui touche à la culture physique ou mentale de l'Enfant, ne reste donc hors du cadre de *l'Educateur moderne*. et c'est, évidemment, un programme très varié, étant données les récentes transformations de la pédagogie : la direction s'efforce de le remplir comme il doit l'être, en faisant une large place, dans chacune des branches ci-dessus, aux progrès réalisés, aux informations et même aux questions spéciales signalées par ses lecteurs : une *Revue* doit servir à faire circuler, à contrôler et à échanger toutes idées qui méritent examen.

EXTRAITS DE LA TABLE DES MATIÈRES

ANNÉE 1906

Hygiène du livre à l'école. — Les Enfants menteurs. — L'Education physique au Japon. — Les Illettrés dans l'armée, — Sur une forme de trac scolaire. — L'Education physique et la croissance des écoliers. — Pour et contre l'Ecriture droite. — L'Oralité dans l'enseignement. Education de l'enfance dans la famille. — La question de l'Orthographe en Allemagne. — Examen de la Gymnastique suédoise. — Psychologie de la Lecture. — Classes spéciales pour arriérés et instables. — Un cours sur la Psychologie des Anormaux. — Que doit être une Classe d'humanité. — Règlement sanitaire des écoles de Nancy. — L'attention chez les jeunes enfants. — Les Jeux d'enfants au Sahara. — Le Carnet de santé scolaire. — Contre la Scarlatine. — Education de la parole chez une sourde-aveugle. — Les Enfants qui fument. — La chaise scolaire à Louis-le-Grand. — La Psychologie des Ecoliers. — Les programmes d'éducation physique à Boston, à Paris, à Bruxelles. — L'Orthographe des noms propres. — L'Attitude scolaire. — L'Enseignement de l'orthographe. — Les Conseils de famille scolaires. — L'Enseignement de l'hygiène scolaire à la Faculté de Lyon et dans les écoles de Locle. — Les Menus des cantines scolaires. — Les écoles d'Anormaux. — La surveillance des jeunes délinquants. — Ecole et Corset. — L'Ecole maternelle. — L'Enseignement en Turquie. — Les troubles de la parole chez les écoliers. — Cours supérieur d'Education physique en Belgique. — Psychologie de la voix. — Un séminaire de Psychologie pédagogique. — Attitudes scolaires et respiration. — Le Caractère chez les fils d'alcooliques. — L'Education physique de la femme au Japon. — L'Ecole d'Education physique de Bruxelles. — Sur la lecture et la diction. — La Fiche médicale pour colonies de vacances. — L'Hygiène de la lecture. — L'Enseignement du Dessin plastique. — Influence de la Gymnastique sur le développement corporel des écoliers à Paris.

ANNÉE 1907 (*Janvier à Mai*).

La méthode naturelle et ses bases dans l'Enseignement de la Lecture. — Les variations du pas de marche dans l'Armée. — La méthode de Gymnastique de Happel. — Les Sévices sur les enfants, — Le rôle social de l'Enseignement ménager. — Les troubles du langage chez les Ecoliers. — Un Cours de Psychologie médico-pédagogique. — Programme d'Enseignement ménager. — Danses gymnastiques. — Les troubles de la parole chez les Enfants anormaux. — Les Exercices physiques aux colonies scolaires.

ARTICLES A PARAITRE :

G. Racine : Les jeux à l'Ecole. — P. Malapert : La question du tempérament et du caractère. — Dr R. Masselon : La démence chez les Adolescents. — Dr Schini : L'examen de la vision chez les Ecoliers. — Dr E. Claparède : L'organisation de l'Enseignement des Anormaux en Suisse. — Dr Pierre Bonnier : L'examen de l'oreille chez les Ecoliers. — Dr Pierreson : Les stigmates scolaires de la dégénérescence.

RÉCENTES PUBLICATIONS

Causeries littéraires sur le XIXe siècle (1800-1850), par Emile Souvestre, œuvre posthume, publiée par Mme Beau, née Souvestre, avec une préface de L. Dugas, docteur ès lettres, professeur agrégé de philosophie au lycée de Rennes, 1 vol. in-18, broché . . . . 3 fr. 50

La Littérature sous l'Empire. — La Tribune sous la Restauration. — La Tribune sous Louis-Philippe. — La Presse sous la Restauration. — La Presse sous Louis-Philippe. — Pamphlets : *de Cormenin, Barthelémy, Méry, Béranger*. — Cours à la Sorbonne et au Collège de France : *Cousin, Villemain, Guizot*. — La Philosophie : *Pierre Leroux, M. de Frayssinous, Lacordaire*. — L'Histoire : *A. Thierry, Thiers, Mignet, de Barante, de Ségur, Michelet, Louis-Blanc, de Vaulabelle*. — La Poésie : *C. Delavigne, Desbordes-Valmore, de Vigny, Sainte-Beuve*.

Le Mystère Russe. Secrets d'Etat dans l'Empire du Tsar Nicolas II, par Bresnitz von Sydacoff, traduit de l'allemand par Marcelle Somin, 1 vol. in-16 broché . . . . 3 fr. 50

Causeries, souvenirs et réflexions sur la peinture, par J.-F.-C. Clère, artiste peintre, ancien professeur au lycée Henri IV. Un vol. in-8 écu, avec une couverture en couleur, broché . . . . 3 fr. 50

La Comédie aux XVIIe et XVIIIe siècles (*Scènes choisies*), par Jules Wogue, ancien élève de l'Ecole normale supérieure, professeur agrégé au lycée Buffon. 1 fort vol. in-8° avec *onze portraits* et une vue d'ensemble sur le théâtre comique aux XVIIe et XVIIIe siècles. Broché avec une couverture tirée en rouge . . . . 7 fr. 50
Cartonné, toile anglaise . . . . 8 fr. 50

Ecoles buissonnières, par Edouard Leclerc. 1 vol. in-8° écu, broché. 3 fr. »

Dans ce volume de vers l'auteur des *Ecoles buissonnières* rime à sa fantaisie tout ce qui lui passe par la tête ; il va des histoires enfantines aux sérieux monologues, de la fable aux pièces de genre. Ses vers ont ceci de particulier qu'ils peuvent être lus par tout le monde et qu'on y trouvera des aperçus très humoristiques et d'une aimable philosophie.

Cent poésies de Pierre Corneille, tirées de sa *Traduction de l'Imitation de Jésus-Christ*, publiées par Joseph Fabre, ancien professeur à l'Ecole normale supérieure de Sèvres, ancien sénateur. 1 élégant vol. in-32. 1 fr. »

Au moyen d'ingénieux raccords, M. Joseph Fabre fait revivre en sa fleur cette œuvre jadis si prônée à la cour et à la ville, dans les cloîtres et dans le monde. Ainsi dépouillée de ses ronces, elle mérite de retrouver au XXe siècle la foule des lecteurs qu'elle eût jadis.

« Ces vers solides, pleins, habilement construits, et d'une envolée puissante, me ravissent »
Sully Prudhomme.

« Elle est admirable cette anthologie cornélienne de M. Joseph Fabre. J'en su[illegible] erveillé. C'est aussi beau presque partout que les stances de *Polyeucte* ; c'est quelque [illegible] s plus bea[illegible] Il faut féliciter M. Joseph Fabre d'avoir pris cette part au troisième centen[illegible] [illegible] ; bouquet qu'il a assemblé si intelligemment vaut toutes les statues ». Ernest Dupuy.

Envoi franco contre timbres ou mand[illegible] poste)

www.ingramcontent.com/pod-product-compliance
Lightning Source LLC
Chambersburg PA
CBHW072233270326
41930CB00010B/2108
* 9 7 8 2 0 1 2 8 2 0 7 8 4 *